农民工市民化
成本分摊机制研究

——以北京市为例

傅帅雄 等著

2019年·北京

图书在版编目(CIP)数据

农民工市民化成本分摊机制研究：以北京市为例 / 傅帅雄等著. —北京：商务印书馆，2019
ISBN 978-7-100-16824-3

Ⅰ.①农… Ⅱ.①傅… Ⅲ.①民工—城市化—社会成本—研究—北京 Ⅳ.①D422.64

中国版本图书馆 CIP 数据核字(2018)第 259928 号

权利保留，侵权必究。

农民工市民化成本分摊机制研究
—— 以北京市为例

傅帅雄 等著

商 务 印 书 馆 出 版
(北京王府井大街 36 号 邮政编码 100710)
商 务 印 书 馆 发 行
北 京 冠 中 印 刷 厂 印 刷
ISBN 978-7-100-16824-3

2019 年 1 月第 1 版　　开本 850×1168　1/32
2019 年 1 月北京第 1 次印刷　印张 5½
定价：25.00 元

目　录

序 …………………………………………………………… 1
第1章　绪论 ………………………………………………… 1
第2章　各国家或地区的农村剩余劳动力转移进程 ………… 12
第3章　改革开放以来我国农民工市民化的发展进程及
　　　　其政策演变 ……………………………………… 35
第4章　1亿农业转移人口的市民化成本到底是多少？ ……… 77
第5章　城镇化进程中北京农民工市民化调研报告 ………… 94
第6章　北京市农民工市民化成本核算 ……………………… 105
第7章　农民工市民化成本分摊机制 ………………………… 122
第8章　政策建议 …………………………………………… 144
附录　调查问卷 ……………………………………………… 157
参考文献 …………………………………………………… 162

序

　　户籍人口城镇化滞后于常住人口城镇化是我国城镇化发展面临的突出问题。2017年,我国户籍人口城镇化率只有42.35%,比常住人口城镇化率58.52%低了16.17个百分点,其缺口产生的原因在于被统计为城镇人口但未在城市落户的2.24亿农民工及其随迁家属,他们尽管进城实现了非农就业与生活,但未能在教育、医疗、养老、住房保障等基本公共服务上享受到与城镇居民同等的权利。农民工市民化是一项涉及社会、经济、文化等多方面的系统工程,推动农民工市民化,不仅需要破除城乡二元结构下的制度和政策制约,还要考虑农民工市民化过程中所增加的成本支出。由于我国较长时期内的城乡二元结构,城乡居民在基础设施、社会保障和公共服务等方面存在着较大差距,因此,农民工市民化要消除这种差距,弥补公共服务和社会保障等方面的历史欠账,这必然产生相当大的成本。然而,这一巨额成本不可能只依靠政府、企业或农民工个人某一方单独承担,而是应当根据利益相关原则,构建科学的农民工市民化成本多元分摊机制,在政府、企业和个人之间进行合理分担。

　　测算农民工市民化成本,理顺其成本分摊机制,是有序推进农民工市民化的关键。根据《国家新型城镇化规划(2014—2020年)》的要求,稳步推进义务教育、就业服务、基本养老、基本医疗卫生、保障性住房等城镇基本公共服务覆盖全部常住人口。因此,农业转移人口市民化的新增公共成本主要包括农业转移人口平等共享城镇义务教育、养老保险、医疗保险、住房保障、技能培训等五个方面的财政支出。除了这些公共成本支出之外,农民工市民化还涉及农民工自身的住房支出、生活支出、培训支出等。本书先从全国层面测算了从2014年到2020年,《国家新型城镇化规划(2014—2020年)》规划完成1亿农业转移人口市民化所需新增的公共成本支出。

另外,北京作为我国的首都、国家中心城市和6个超大城市之一,同时也是我国聚集农民工最多的城市之一。根据《北京市城市总体规划(2004—2020)》,北京到2020年确立具有鲜明特色的现代国际城市地位,到2050年,进入世界城市行列,客观上要求解决不完全城镇化问题,实现农民工市民化。因此,科学测算北京市农民工市民化成本,不仅能够为北京提高城镇化质量提供现实依据,也有助于为国内特大城市实现基本公共服务均等化提供参考借鉴。因此,本书还对北京农民工市民化的成本支出进行测算,包括农民工进入北京工作后在社会保障、基础设施、城市公共管理、住房、随迁子女教育和城市生活成本等各个领域所支付的近期和远期成本,同时考虑到各个领域支付的成本发生在农民工的不同年龄阶段,因此,我们在本书中引入了全生命周期理念,把农民工生命周期中不同阶段支付的市民化成本进行了近期和远期的动态处理,既避免测算方法对农民工成本的夸大和低估,又可以为相关主体在不同阶段的选择和决策提供数据支持。

在市民化过程中,政府、企业和农民工个人既是市民化的主要行为主体,又是直接利益相关者,因此,各方均需承担一定的责任和成本。但是,目前农民工市民化成本分摊机制不顺这一问题严重制约着农民工市民化的有序推进,主要表现为中央政府与地方政府、输入地政府与输出地政府、用工企业与农民工个人的分摊责任与分摊能力不匹配等问题。因此,本书从农民工市民化的难点问题出发,按照权责匹配的原则,探索对农民工市民化成本分摊机制的优化构建,并提出了相关的政策建议,以期为国家新型城镇化规划的顺利实施提供理论支撑。

在本书写作过程中,胡拥军博士(国家信息中心)、吴磊博士(北京大学)、戴美卉博士(中国人民大学)、周林洁博士(中国社会科学院大学)参与了相关内容的撰写,中国人民大学的罗路宝硕士、崔田硕士、裴相烨硕士参与了农民工问卷调查分析。同时,感谢教育部人文社会科学研究青年基金项目(15YJC790019)对本研究成果的资助,感谢商务印书馆刘涛老师对本书出版所付出的辛勤劳动。

第 1 章 绪论

1.1 选题价值意义

从国家层次来看,研究农民工市民化问题是为探索输入地农民工市民化的基本思路、政策框架提供典型案例。

未来较长时期新型城镇化发展的重要任务是有序推进农民工市民化,其中作为农民工的主要输入地,东部沿海发达省份的农民工市民化进程关系到新型城镇化发展的成效。2017年,我国户籍人口城镇化率只有42.35%,比常住人口城镇化率58.52%低了16.17个百分点,其缺口产生的原因在于被统计为城镇人口但未在城市落户的2.24亿农民工及其随迁家属,他们尽管进城实现了非农就业与生活,但未能在教育、医疗、养老、住房保障等基本公共服务上享受到与城镇居民同等的权利。

从地区层次来看,研究北京市农民工市民化问题是为国内特大城市基本公共服务全覆盖城镇常住人口提供基本思路。

据统计2016年北京市常住外来人口超过807万,其中大部分是在北京打工的各地农民工,采取积分制等多种方式设置阶梯式落户通道是未来北京市有序推进农民工市民化的重要任务。根据北京城市发展规划,到 2020 年确立具有鲜明特色的现代国际城市地位,到 2050 年,进入世界城市行列,客观上要求解决大规模人口涌入与公共服务匹配的矛盾,克服拉美国家巨型城市陷入"大城市病"的陷阱。

1.2 国内外研究现状述评

1.2.1 农民工市民化的国际视野

从绝大多数市场经济国家的发展规律可以看出,"农村人口城市化"和"农业剩余劳动力非农化"一直是城镇化过程中所重点关注的问题,其中也包括乡-城人口转移的公共服务保障问题。

欧美发达国家在"农村人口城市化"进程中重视对城市新移民的公共管理与服务,从社会保障、住房保障、培育就业、权益保障、社区融合等方面出台了系列政策(李明华,2005),英、美等国家还出台了《费舍法案》《经济机会法案》《平等就业机会法》等反歧视法,有效地满足了进城农民对基本公共服务的诉求。

与之相反,拉美国家在战后 30 余年城市化快速发展,大量农村人口涌入少数几个城市,产生了墨西哥城等一些巨型城市,诱发了严重的大城市病问题,"贫民窟"大量存在,低收入的进城农民工的社会保障、医疗保险、退休金、教育和住房等问题成为拉美政府的挑战(城市中国计划,2012)。

从东亚新兴工业国家来看,以韩国为例,在 1960—1980 年间的快速城市化进程中,依托劳动密集型服务业与中小企业的发展为农村剩余劳动力转移提供了充分的就业岗位,同时大力推动全国性的适度超前教育、建立以租为核心的公共住房体系、完善全面精细的社会保障体系等,有效保障了乡-城人口转移(城市中国计划,2012)。

观瞻国际视野,欧美、拉美、东亚的乡-城人口转移进程为中国农民工市民化提供了极其重要的经验教训。

1.2.2 农民工市民化的本土观瞻

在中国城乡二元制度条件下,"户籍墙"把农村人口城市化分割成两个子过程,一是从农民到城市农民工,二是从城市农民工到市民,因此农民工市民化是基于乡城劳动力两阶段转移的"中国路径"而提出的理论命题与现实课题(刘传江,2006;简新华,2007)。

针对农民工市民化的内涵,窄口径的理解聚焦于公共服务共享,农民工市民化是农民工一系列权力保障和公共服务享受的过程(张国胜,2009)。实际上,农民工变市民,户口的转换是形,服务的分享是实,农民工市民化是以农民工整体融入城市公共服务体系为核心(国务院发展研究中心课题组,2011)。从宽口径的理解来看,农民工市民化是指农民工职业转化、地域转移、身份转变与农民工行为方式转变和新市民价值观形成等"多位一体"目标的实现过程(王竹林,2007)。

农民工市民化面临的问题及其成因是多科学争鸣的焦点。以地方为主的基本公共服务供给模式使得农民工流入地的城市政府在为农民工提供与城市原居民同等的基本公共服务方面,面临着意愿和能力不足的问题(申兵,2009);土地所有权与使用权的分离使农民工的耕地与宅基地被固化在土地上,不能为其进城居住、创业提供资本(王先鹏,2011);农村土地制度的缺陷导致了土地产权模糊、土地流转困难、土地价值低估和补偿标准过低,阻碍了新生代农民工的市民化进程(黄锟,2011)。

解决农民工市民化问题重点在于制度创新,一是加大中央政府对于跨省流动农民工在就业地市民化的支持力度,二是将农民工市民化与农村建设用地制度创新相结合(申兵,2009)。通过制度创新,从农民工就业、公共服务、住房保障、社会保障、民主权利、土地权益等领域构建了促进农民工市民化的政策框架(国务院发展研究中心课题组,2011)。

1.2.3 农民工市民化的成本解读

城乡二元户籍制度及依附于其上的各种城市公共福利制度是影响农民工市民化的主体性的政策体制障碍,分税制下的中央与地方在农民工市民化的成本负担上的制度现状,是影响农民工市民化的衍生性的政策体制障碍(徐建玲,2007)。农民工市民化的最终实现,需要加大相关投入,解决农民工市民化过程中的基本权力保障和城市公共服务享受的资金需要,即需要承担农民工市民化成本(张国胜、杨先明,2008)。

市民化成本测算是推进农民工市民化的基础。具体而言,它包括因为城镇人口增加而导致的公共投资的增加,以及政府需要承担的新增市民的社会保障、公共服务和社会福利的支出(黄锟,

2011)。张国胜(2009)、国务院发展研究中心课题组(2011)、周小刚(2010)、申兵(2012)等分别做了测算,各个测算结果在对象城市、成本类型、成本结构等方面也存在较大差异。

市民化成本分摊机制的缺陷是制约农民工市民化有序推进的关键。从中央与地方来看,部分农民工市民化成本从中央转嫁到地方,地方城市政府出于自身财政属性、财政状况的考虑,在农民工市民化的成本投入上没有动力(郭庆松,2011);强调中央与省政府应该重点加强跨省(市)农民工集中流入地区的支持(申兵,2009;柳博隽,2012)。此外,企业需要承担农民工的社会保险、职业培训等方面的市场成本,个人则承担市民化的生活成本。

市民化成本资金筹措是农民工市民化有序推进的基本保障。各相关主体如何筹措资金?实际上,农民工市民化的资金筹措来源,一是农民工劳动创造的社会财富,进一步可分为农民工工资收入、企业利润、政府税费(张国胜,2009),因此,农民工市民化成本实际上主要是由农民工自己支付的(简新华,2007);二是农村土地的流转收益,通过市场化手段,让农民带资进城(刘斯斯,2012),三是城镇土地的转让收益。

1.3 研究思路

1.3.1 研究目标

因地制宜健全农民工落户制度、创新农民工市民化成本分摊机制、推进农民工平等共享城镇基本公共服务是北京市从特大城市走向世界城市的必然选择,也是克服大城市病、实现包容性发展的迫切需求。其中,农民工市民化成本分摊机制不顺是有序推进农民工市民化进程的主要制约因素之一,主要表现为中央政府与地方政府、输入地政府与输出地政府、用工企业与农民工个人的分摊责任与分摊能力不匹配。农民工市民化成本不能由政府包办,要逐步规范用工企业分摊社保缴纳、职工培训等方面的市场成本,合理引导农民工根据对个人生活成本与发展成本的承受能力选择落户城镇,避免农民工大规模无序涌入带来的大城市病问题。另外,根据农民工市民化成本特征,需要分类推进城镇基本公共服务覆盖在京农民工群体。从公共服务类型来看,先行突破符合条件的农民工随迁子女在京接受义务教育、城市基本医疗保险全覆盖;从市民化意愿来看,先行推进合法稳定就业和合法稳定住所的农民工落户,以及先行解决新生代农民工的技能培训需求。

本研究在测算北京市农民工市民化成本的基础上,将以符合条件的农民工落户为纽带,探索北京市与主要输出地省份先行建立健全社会保险异地转移接续机制,探索与主要输出地省份建立健全建设用地指标跨区增减挂钩、市民化跨区利益补偿机制。搭建与农民工规模挂钩的公共资源与生产要素配置机制,实现事随人转、财随人转、地随人转,促进各级政府对农民工市民化公共成本的合理分摊,创新农村三资折股流动的市场机制,保障农民工带资进城落户。

另外,农民工市民化成本除了一次性投入的公共服务设施建设等,还有大量需要连续支付的义务教育经费以及远期支付的基础养老金等,因此需要根据农民工市民化成本的年度变化建立相应的可持续资金保障机制。

1.3.2　主要研究内容

（1）农民工市民化的宏观视野

本部分梳理欧美发达国家、拉美地区国家以及东亚韩、日、新加坡与中国台湾地区的城乡人口转移历程，比较分析这些国家与地区在城乡人口转移中的政策做法，总结它们在城乡人口转移中的经验教训。

本部分梳理改革开放以来农民工市民化的发展进程及其相应的政策演变，分析农民工市民化存在的问题及其成因，研究农民工市民化面临的机遇挑战，研判近期与中长期农民工市民化的发展趋势、制度演化及其战略影响。

（2）北京市农民工市民化的成本视角

本部分从农民工市民化成本的视角来解读农民工市民化存在的问题、内在的成因与可能的路径，从总体上梳理清晰农民工市民化成本"成本规模、谁来分担、分担多少、何时分担、能否分担、怎样筹资"等问题。

通过实地调研，梳理北京市在农民工市民化方面的相关政策与财政支付情况，掌握它在分摊农民工市民化成本方面存在的困难、提出的诉求，了解地方政府为分担农民工市民化成本的财政保障能力与筹资渠道。

通过实地调研，梳理北京市典型用工企业在为农民工缴纳社保、安排职业培训等方面的相关举措，掌握用工企业在分担农民工市民化成本方面存在的困难、提出的诉求，了解用工企业分摊农民工市民化成本对企业经营成本的影响。

通过实地调研,梳理北京市典型农民工及其家庭融入城市生活的个人意愿、现实困难与主要诉求,农民工及其家庭融入城市生活需要承担的新增生活成本及其占农民工家庭总收入的比重。

(3)北京市农民工市民化的成本测算

——成本测算项目

根据国家基本公共服务体系"十二五"规划,把农民工市民化成本分为农民工及其家庭成员与城镇居民平等共享的基本公共教育、社会保险、基本社会服务、基本医疗卫生、基本住房保障等九大公共成本,还包括城镇功能设施、社会设施与市政基础设施的投入成本,还包括用工企业支付的成本以及个人支付的成本。

——成本测算方法

一是避免不同成本类型的重复计算,如在承载能力范围内增加人口不需要相应地增加公共设施投入,二是对城镇参照标准进行动态调整,如考虑由于收入变化带来的各项成本变化,三是引入全生命周期理念,把全生命周期中不同阶段支付的成本均纳入农民工市民化的总成本。

——成本测算内容

假设成本测算遵循三个原则:代表性农民工的市民化成本参照当年城镇居民标准;代表性农民工的市民化成本涵盖全生命周期的各项公共成本、市场成本、个人成本的增量部分;各项成本均按年度动态调整。

根据上述三个原则,分别测算农民工进入城市后在社会保障、基础设施、城市公共管理、住房、随迁子女教育和城市生活成本等各个领域所支付的近期和远期成本。又由于各个领域支付的成本发生在农民工的不同年龄阶段，因此，我们引入全生命周期理念，把农民工生命周期中不同阶段支付的市民化成本做近期和远期的处理，既避免测算方法对农民工成本的夸大和低估，又可以为相关主体在不同阶段的选择和决策提供数据支持。

（4）北京市农民工市民化成本分摊责任与分摊能力

根据测算结果，区分公共成本、市场成本、个人成本等不同性质的成本类型，分析政府、企业、个人相应分担的比例。根据中央与地方的财权事权划分，区别不同公共服务和基础设施投入的公共属性与受益范围，进一步分析中央政府、主要输出地政府、北京市政府在公共成本中的分担比例。

（5）优化北京市农民工市民化成本分摊的政策框架

由于财权上移、事权下放，中央政府在分担农民工市民化成本方面预算盈余，北京市级与各区县政府主要承担了各项公共成本。围绕各项基本公共服务，北京市与主要输出地政府之间的利益转移接续与公共资源配置问题亟待解决。针对用工企业大多属于利润率较低的劳动密集型行业，研究探索用工企业在农民工市民化中的成本分摊，以及相应税费奖惩机制的构建。针对农民工收入相对较低、自身市民化能力较弱，研究探索可行的机制将农民工的宅基地、承包地以及其他集体资产转化为流动性资本，实现农民工带资进城。

1.3.3 研究方法

（1）实地调查法

在书中，分析政府、用工企业与农民工在分担农民工市民化成本中存在的问题与主要的诉求是建立在实地调查基础上，在实地调研中，拟采用个案调查、深入访谈、焦点问题讨论等方法。

(2) 问卷调查法

在书中，通过问卷调查获取农民工的样本数据，通过统计数据分析农民工进城定居的意愿、定居城市选择及其影响因素等。

1.3.4　拟突破的难点和重点

(1) 引入全生命周期方法全面测算农民工市民化成本，研究农民工市民化成本结构的年度变化

本书对农民工市民化成本的测算采用动态调整，避免静态计算，采用分类加总、避免重复计算，引入全生命周期理念，避免遗漏需要连续支付的成本与远期支付的成本，有利于分析农民工市民化成本的年度结构变化，形成一套科学的测算方法，避免对农民工成本的夸大或低估。

(2) 通过对北京市的分类测算，研究探索中央政府与地方政府、输入地政府与输出地政府、用工企业与农民工对农民工市民化成本的分摊机制

本书分类测算不同性质的农民工市民化成本，区分公共成本、市场成本与个人成本，使得农民工市民化的成本分摊主体更加明确；研究中央政府与地方政府、输入地政府与输出地政府、用工企业与农民工对农民工市民化成本的分摊，使得各相关主体的激励相容机制设计更为科学。

(3) 研究探索优化农民工市民化成本分摊与资金筹措的制度创新思路和总体政策框架

本书在对农民工市民化成本进行测算与分摊机制研究的基础上，针对各级政府的财政能力、用工企业的盈利能力、农民工的创收能力，提出优化成本分摊与资金筹措的制度创新思路和总体政策框架。

第 2 章　各国家或地区的农村剩余劳动力转移进程

世界上已有许多国家完成了农村剩余劳动力转移这一过程，但具体到各个国家，其进程又各不相同。按照劳动力转移进程和地理位置的相似度，可将已经完成劳动力转移的国家分为如下三种类型：欧美国家和地区、东亚部分国家和地区以及拉丁美洲国家和地区。

2.1　各国家或地区的农村剩余劳动力转移特点

2.1.1　欧美国家和地区

此处主要讨论的欧洲国家为西欧国家，这些国家发展较早并且农村劳动力转移工作完成的效果较好。欧美的国家具体还可以分为英国以及其他国家。英国作为最先崛起的老牌资本主义国家，其工业化进程和城市化进程比其他国家都要早，并且对这些国家的农村剩余劳动力转移过程产生了一定的影响。

(1) 英国

第 2 章　各国家或地区的农村剩余劳动力转移进程

英国的农村剩余劳动力转移始于 15 世纪末开始的圈地运动,圈地运动直接导致大量失地农民的出现,另外圈地运动后的规模化生产也使得农村出现了大量的剩余劳动力。这些失地农民和剩余劳动力为了生存不得不来到城市谋求生路。不过,英国圈地运动一开始还是受到法律限制的,因此,圈地的规模并不大,失地农民和农村的剩余劳动力向城市转移的速度也相对较慢。但到了 16、17 世纪,英国工场手工业得到发展,城市兴起,对农产品的需求大增,圈地运动进一步高涨,特别是 1688 年以后,英国政府通过大量的立法公开支持圈地,极大地推动了农村圈地运动的发展,导致大批的失地农民和农村剩余劳动力被迫进入城市。除了英国的圈地运动,其他欧洲国家中都有类似的不同规模的田地合并过程,促进了小部分的农村剩余人口向城市转移。

工业革命开始后,英国开始了真正现代意义上的农村剩余劳动力的转移,即农村剩余劳动力开始向工业部门和其他非农部门转移。但在工业革命早期,工业尚未发展成熟,工作环境也比较恶劣,因此对农民的吸引力其实不大。但是在英国工业革命中后期,工厂生产规模不断扩大,第三产业也开始发展,因此对劳动力的需求增大,同时农村生产率也迅速提高,产生了更多的剩余劳动力。因此,英国农村剩余劳动力转移的速度加快。1751—1780 年,离开土地的农民每 10 年为 2.5 万人;1781—1790 年,上升到每 10 年 7.8 万人;而到了 1811—1820 年间,又上升到每 10 年 21.4 万人;在 1821—1830 年,更达到每 10 年 26.7 万人。这种转移的速度使农村就业人口迅速减少(李世安,2005)。

从 19 世纪末到第二次世界大战开始这段时期,英国的出口贸易进一步扩大,工业与农业的生产率也得到大幅提升,城市工业与第三产业的迅速发展对农村剩余劳动力产生了极大的需求拉动作用,英国大批剩余劳动力向城市转移。到第二次世界大战结束,英国城市人口比重已接近80%,基本完成了农业剩余劳动力转移这一过程。

(2)西欧其他国家及美国

与英国不同,美国和西欧其他国家的农村剩余劳动力转移相对开始得要晚一些,普遍是从19世纪第二次工业革命开始后才起步,一直到20世纪下半叶这一进程才得以加速。其与英国的主要区别之一是,英国的农村劳动力流动由圈地运动的强制开始,而后才由于工业革命的进行,开始主动吸纳农村剩余劳动力;但这些国家的农村劳动力转移是自发开始的。同时,美国和西欧其他国家可以使用在第二次工业革命中出现的新的机器和设备,具备一定的后发赶超优势,因此,这些国家农村剩余劳动力的转移速度相对更快。

德国政治上的稳定和经济上的发展契机是同时出现的。1871年德国完成统一;而在1866年,德国人西门子制成了发电机,这拉开了第二次工业革命的大幕。在稳定的政治环境和良好的经济发展的机会的共同作用下,德国工业得到迅速发展,产生了对劳动力的大量需求。同时农业劳动生产率的提高使得农民有条件进入城市工作,促进了农村剩余劳动力的转移。到20世纪20年代第二次工业革命结束,德国大规模的农村劳动力转移结束,农业人口稳定发展。

但在19世纪初以前,整个欧洲人口的变化趋势仍然是以农村人口增长为特征。从19世纪中叶开始,人口的增长开始从以农村人口为主转到以城市工业人口为主,英国是较早完成这种转变的唯一国家。

大部分欧洲国家在农业剩余劳动力开始转移的时候,其农业人口数量变化可分为三个阶段。第一阶段,农业人口持续增长。由于工业增长率不足,城市工业只雇用了一小部分劳动力,难以吸收所有增加人口的就业。在大部分西欧国家中,这一阶段在19世纪中期以前结束。第二阶段,农业人口相对稳定。19世纪中期以后,西欧的大部分地区进入这一阶段。第三阶段,农业人口绝对数量下降。但在19世纪下半期,英国的农业人口在绝对数上没有明显减少,但其占总人口的比重在19世纪下半期缓慢下降。进入20世纪,西欧国家农业人口表现出非常明显地减少,这种趋势在20世纪20年代的法国发展最快,随后这种趋势变缓。以上这些变化主要依靠农村以外的地区——城镇或海外——有可供选择的就业机会。

美国与其他西欧国家类似,受到英国的影响并以第二次工业革命为契机,开始大规模的农村剩余劳动力转移。

起初,美国通过来自英国的移民受到英国第一次工业革命的影响,开始工业化进程,劳动力开始缓慢地、近距离地向城市转移。到19世纪末,农业机械化水平得到很大的提升,美国实现了大规模的农业机械化,使得农业劳动生产率迅速提高,农业剩余劳动力的数量不断增加。从1870年以后,美国的人均占有粮食达到1,000公斤,每个农民的供养人数也大大增加。

1910年爆发的第二次工业革命是以美国为先导的,美国的工业化进程迅速加快,第三产业的发展也随之带动。美国农村剩余劳动力大量转移的序幕就此拉开。1860年时,美国的城镇人口比重仅为19.8%,到1920年,已经达到51.2%,基本实现城镇化。

美国与欧洲国家相比,有一点地理上的区别是美国幅员辽阔,国土面积比西欧国家大很多,因此在考虑促进美国农业剩余劳动力转移的因素时也应包括交通因素。美国在工业化过程中,公路、铁路、运河等基础设施的投入建设,促进了美国交通运输业的发展,大幅降低了农村剩余劳动力转移的迁移成本,使农村剩余劳动力的自由迁移更加便捷。

(3)欧美国家农村剩余劳动力转移进程总结

欧美国家作为最先发展起来的资本主义国家,面临着特定历史时期的特殊条件,但他们的劳动力转移过程又有相似之处。

1)以农民从土地上解放为前提

英国的农村剩余劳动力最初是因为圈地运动被迫产生的,大量农民不得不离开土地去城市寻找工作。尤其是在 1688 年英国政局稳定以后,政府立法公开支持圈地运动,产生了更多农村剩余劳动力。这使得越来越多的农民不得不来到城市谋生。在第二次世界大战之后,虽然英国的农村劳动力转移已经结束,但英国需要重建经济,修复战争留下的创伤,英国则开始主动通过提高农业生产率来创造农村剩余劳动力。英国采取了一系列政策比如鼓励农场扩大规模以实现规模经济,加大对农业的投资促进农业机械化等。

其他西欧国家比如德国,则是主动解放了农村劳动力。德国在 17 世纪初废除农奴制后,农民获得了人身自由,并且可以买卖土地。后来,德国在工业化进程中也非常重视农业机械的应用,大幅提高农业生产率。这些都为后来的农村剩余劳动力的转移创造了条件。

美国在独立以后其农民就获得了人身自由,但黑人除外。直到美国废除黑人奴隶制，黑人也有了人身自由，可以自由选择去向。再加上农业机械化的迅速发展，农村大量剩余劳动力从土地上解放出来，为美国城镇化的发展提供了重要的支持。

2) 成熟的工业体系是农村剩余劳动力顺利转移的重要条件

从英国和其他国家对比来看，英国在工业化进程还未开始的时候就迫使农民离开土地，而当时城市中又缺少相应的工作机会，从而导致大量的流浪失地农民，对社会的稳定造成了一定的影响。而其他国家的农村剩余劳动力转移则发生在工业化过程中，城市工业和第三产业的发展吸引农村剩余劳动力的自由转移，使得劳动力转移和工业化的需求相契合。因此，除去战争因素，在经济危机之前这些国家并没有出现大规模失业的情况，社会比较稳定。

2.1.2 东亚部分国家和地区

在东亚地区，农村剩余劳动力转移完成的比较好的国家或地区为日本、韩国和中国台湾地区。日本作为发达国家，相对于韩国和中国台湾地区这样的较为落后的国家或地区，其劳动力转移进程必定有所不同。

(1) 韩国和中国台湾地区

韩国和中国台湾地区是发展中国家或地区中农村剩余劳动力转移较快的地方，到20世纪末，它们的农业从业人口比例已从二战初期的70%多降至20%以下，仅用了三四十年便基本完成了农业剩余劳动力的转移这一进程。

韩国的农村剩余劳动力转移开始于20世纪60年代，即从承接发达国家所转移的劳动密集型产业开始。由于当时城市的经济基

17

础和交通条件等较好,这些劳动密集型产业大部分都选择在城市布局。随着这些劳动密集型产业的发展,城市原有人口的数量已远远满足不了工业对劳动力的需求,大量的农村剩余劳动力得以有机会进入城市,而且这种强劲的城市拉力持续了十多年。到了20世纪90年代,农村劳动力向城市流动的数量出现了明显的下降,但依旧保持着较大的规模。如表2-1所示。

表2-1 韩国农村迁往城市人口数

单位:万人

时间	人数
1965—1970	148.07
1970—1975	147.11
1975—1980	252.39
1980—1985	240.50
1985—1990	232.87
1990—1995	117.34
1995—2000	71.98

注:本表根据李恩平《韩国城市化的路径选择与发展绩效——一个后发经济体成败案例的考察》(中国商务出版社,2006)中的数据计算。

中国台湾地区也同韩国相似,在20世纪60年代开始承接发达国家转移的劳动密集型产业,发展出口导向型工业,以突破内部市场狭小对工业发展的限制。这些产业提供了很多就业岗位,吸收了大量农村剩余劳动力。

中国台湾地区的农村劳动力转移有一个预备的过程,即在国民党到中国台湾地区以后,进行了彻底的土地改革。这次土地改革使得大量的小自耕农出现。在这一时期,农村人口占中国台湾地区人口的比重大约是50%。自我经营方式激发了农民的积极性,经营方式得到改善,农业生产率不断提升,这也为后续的工业化打下了良好的基础。

中国台湾地区劳动密集型产业迅速发展以后,农村劳动力也随之向城市转移,从1969年开始,向城市转移的农村人口数量已超过了农村人口自然增长量,农村的绝对人口数开始下降。到1990年农业从业人口比例已下降到12.9%,中国台湾地区基本完成了农村劳动力转移这一进程。

(2)日本

在第二次世界大战结束以后,日本首先进行农地改革,主要内容是减轻农业税,废除寄生地主制,创设自耕农,培育和扶持农业协同组织。政府的一系列政策措施,极大地恢复了农业生产,农村的生产率显著提高,农业从业人口也有明显增加,5年间增加了530万人。经过短暂的经济复苏,日本进入了经济快速发展时期,也是日本农村剩余劳动力转移最快的一段时间。

1)日本农村剩余劳动力转移的特点

从1955年至1974年,日本每年的国内生产总值名义增长率至少达到14%,个别年份达到了20%;从实际增长率来看,大多数年份超过8%。这段时期,日本的经济增长由高速工业化带动,这种高速的工业化也创造了大量的劳动力需求。同时日本政府也意识到农村劳动力之中存在大量劳动力供给。因为高速的工业化不仅可以促进第二产业的发展,也可以生产第一产业所需要的机械,解放农村劳动力。在日本政府在城市大力推进和发展劳动密集型产业的拉力和农村劳动生产率不断提高的推力下,农村剩余劳动力不断转移。从1955年到1975年,随着工业化程度的不断加深,第一产业就业人口从1600万减少到700万,下降了43.75%;全部就业人数中第一产业的就业人数的比例从41.0%降为13.8%,下降了

27.2%。

日本的农村剩余劳动力转移速度从20世纪70年代前期开始已经明显放缓,尤其在石油危机爆发后,原油以及石油加工品成本大幅度提升,原油进口相应减少,日本第二产业的发展受到较大冲击,相应地创造的就业岗位数目明显减少,吸纳劳动力的能力减弱,农村劳动力的转移速度也有所减缓。1975年和1970年相比,尽管农业剩余劳动力还在向城市集中,第二产业的就业人数占比并未发生变化,为34.1%。劳动力向第三产业转移的速度没有受到经济形势变化的影响,所增加的农业剩余劳动力数目就业去向基本转向第三产业。从1971年至1980年,第三产业就业人口占总就业人口的比例增加了8.9%,达到55.4%,"第三产业正在成为过剩人口的蓄水池"。

到1980年,日本第一产业劳动力就业比重仅为10.9%,城镇人口比重已达到76.19%,农村剩余劳动力转移任务已经基本完成,实现了高度的城镇化。

2) 日本农村剩余劳动力快速转移原因

日本的劳动力转移速度超过欧美发达国家两倍有余,这其中既有历史机遇,也有日本政府的法律政策措施得当而起到的促进作用。日本的经济发展进入快速工业化阶段,农业劳动力受益于农业现代化而得到解放,政府充足的制度供给和农业协同组织的建立,以及农民自身的教育基础都为日本农村剩余劳动力的快速转移以及高度城镇化做出了贡献。

政府提供了充分的法律支持。日本政府在促进农村剩余劳动力转移方面采取了一系列政策措施,包括《国民收入倍增计划》中提出了农村地区经济发展和农村剩余劳动力转移的目标,并制定了某些政策方法,还为这些政策提供了法律支持。比如颁布《农业基本法》和《农业进步法》,在制定农业基本政策,促进农业生产和农业现代化方面提供了法律基础。还为促进农村地区剩余劳动力就地转移发展方面颁布《农村地区企业导入促进法》,使得大量中小企业落户农村,解决了大量村民的就业。为给转移到城市的劳动者提供更全面的社会保险,建立覆盖城乡的综合社会保障体系,日本政府颁布了《国民健康保险法》和《国民年金法》。日本颁布了旨在加强劳动力职业技能培训的《职业训练法》,而后又颁布《职业能力开发促进法》予以取代,辅之以《职业开发促进法实施细则》,巩固法律实施,为农村中未接受过职业培训但又想进入城市就业的农民提供了培训机会。此类的立法都有效地保障了促进经济的政策顺利实施。

工业化的快速推进创造了大量的劳动需求。在"二战"后日本的经济高速发展时期,第二产业的快速成长带来了大量劳动力岗位。在1961—1970年间,第二产业创造的就业岗位占到全国新增岗位的一半以上。在第二产业发展下伴随发展的第三产业在20世纪70年代则成为更为主要的劳动力接收地,新增岗位的五分之四都是在第三产业。按三次产业划分的1955—1980年间的就业变化如表2-2所示。

表2-2 1955—1980就业增长相对贡献

年份	第一产业	第二产业	第三产业
1956—1960	-44.8	80.6	64.2
1961—1970	-69.3	94.5	74.8
1971—1980	-64.3	36.0	128.3

数据来源:历年《日本统计年鉴》。

工业的发展不仅对就业增加有直接的拉动,还存在间接拉动,即随着大城市工业化程度的不断提高,大城市的工业发展辐射到了城市周边的小城镇和部分农村。随着城市工业化水平的提高,城市的资源也在不断被消耗,而日本地域空间较为狭小,资源有限,城市中的工业发展受到限制。因此,日本政府有意引导工业企业向农村转移,大量工厂开始在农村投建,不仅有效地促进了农村的经济发展,同时还创造了更多的就业岗位,使得农民可以就地实现从农业到非农业的职业的转变,也降低了劳动力转移的成本和风险。

农业现代化水平不断提高解放了大量劳动力。在日本近20年的快速工业化期间,机械制造业得到迅猛发展,为农业机械化水平的提高创造了条件。20世纪70年代中期,日本的农业生产就已经基本实现了农业生产过程中各个环节的机械化;到80年代,日本的农业机械化水平已经超过世界上大部分国家。农业机械化条件下农业的生产率远远高于人力手工劳作时的农业生产率,农业所需要的人力投入减少,因此大量适龄劳动者从土地上解放出来,在第二产业和第三产业中寻找就业机会。同时日本农业方面科学技术不断发展,农产品品种不断改良、更有效地化肥被发明使用、灌溉技术和灌溉条件也在不断改善,这些都促使农业劳动生产率提高,农业劳动力投入可进一步减少。

日本的农村社会拥有一套综合服务系统,称为农业协同组合(简称"农协"),这一组织在日本的农业生产以及农村生活中扮演着很重要的角色。农协最早起源于1947年日本政府颁布的《农业协同组合法》,之后,农协组织在日本各个农村不断成立,逐渐成为普及全国市、町、村所有农户的一套系统。农协系统则是从中央到地方的完整的农协组织体系,包括村级基层农协、县级联合会和中央全国联合会。农协的业务涉及农村经济发展与社会生活,在农业经济发展方面,可以为农民提供农业生产所直接需要的包括农业技术支持、农产品加工和销售方面的服务,还可以提供间接服务包括农村金融服务、基础设施建设,生活服务方面可以提供农村医疗卫生服务等,对农民的生产生活起到了很大的帮助。农协在联动农村与城市方面起到了积极推动的作用。例如在提供农产品加工和销售方面,农协将城市的资源引入农村,在农村投资建设牛奶包装厂、碾米厂等,帮助农民进行农产品深加工。在农业技术、金融支持等方面也可以引进比农村自身所拥有的资源更先进的城市资源,类似的举措不仅提升了农业现代化水平、增加了农民收入等帮助农业本身发展;还提高了农业生产率,使一部分剩余劳动力可以进入非农产业寻找工作;同时在客观上促进了农村经济非农化,使一部分农业劳动力可以就地转移为非农劳动力,有效地推动了城镇化的进程。

  日本国民的受教育程度较高,有助于劳动力向非农业部门转移过程中,对在非农产业的工作有更强的适应性。早在明治维新时期,日本就大量建立小学,普及六年义务教育,开启民智,培养人才,使得日本的文盲率不断下降并可与西方发达国家比肩。在"二战"之后,日本的义务教育年限被延长至九年,政府对教育投资的力度也进一步加大。教育的不断发展迅速提高了包括农村劳动力在内的国民教育水平,这不仅缩小了农村劳动力与城市劳动力之间的知识水平差距,有利于解决农村劳动力由于岗位要求与自身技能不匹配而难以在城市获得工作这一问题,同时还使农村劳动力能更快适应新的工作流程,并在学习新技能时,其接受能力也明显增强。

(3) 东亚国家和地区农村剩余劳动力转移进程总结

东亚的国家或地区在劳动力转移的过程中尤其有共同之处，也可看到日本与中国台湾地区更为相似，而韩国则有所区别，并且其在制度上相对落后于日本和中国台湾地区。

1) 农村土地从原来的大地主制到个人私有制

日本、韩国和中国台湾地区都在第二次世界大战以后进行了土地改革。战后初期，日本进行了大幅度的农地制度改革，通过农地的重新分配，确立了农地小规模家庭私有的土地制度。随着1952年《农地法》的实施，自耕农的土地所有权进一步受到保护，土地私有化的巩固极大激发了自耕农的生产积极性。

韩国独立以后，在1948年制定了《大韩民国宪法》，对土地财产确立了两个基本原则：一是耕者有其田，即把农田分配给农民；二是对财产权的保障和限制，国家保障私有财产权，但在保障财产权的同时必须符合公共福利的原则。1949年韩国通过《农地改革法》，是对于宪法中原则的具体化。它主要防止土地垄断的形成，限制旧式地主再次形成。至此，每个农户都拥有不大的土地，但都拥有自己的土地。

中国台湾地区的土地改革经过了"三七五减租"、"公地放领"和"耕者有其田"三个阶段，到1953年土地改革基本完成。过去由地主占有的大部分土地通过政府征购转卖的方式，配售给无地的佃户。土地改革使得中国台湾地区自耕农的数量大幅增加，从而在中国台湾地区的农村建立起以自耕农为主的农业生产体系。

2) 工业化前期农业的发展程度对劳动力转移进程有不同影响

日本和中国台湾地区在工业化前期，首先进行了土地改革，并通过立法和政策支持,大力扶持农业的发展,为农业的现代化建设提供了具体的保障措施。在一整套完备体系构建的基础上,日本和中国台湾地区的农业生产率得到了大幅提升,为后续工业化进程中大量农村剩余劳动力的供给创造了基本条件。

虽然韩国在独立之后也进行了土地改革,但改革的成效仅是农民获得了土地,而农业本身并没有得到很好的发展。再加上改革过程持续时间较长,政府政策又经常变动,所以部分投机者趁机倒卖土地,获取高额收益,而真正对农业生产进行投资积累的并不多。工业化开始以后,韩国政府在政策上优先支持工业发展,而对农业的支持程度并不高。随着工业和城市的不断发展,从事农业的人口逐步减少,再加上当时农业生产率相对较低,农业产量也开始下降,韩国的农产品供应越来越多地依靠进口。在农村人口的转移过程中并没能形成一种工业化与农业现代化双向驱动的良性循环。

3)合理的产业选择和企业布局

日本、韩国和中国台湾地区最初选择发展的产业都是劳动密集型的轻工业,为吸纳农村劳动力提供了大量的就业岗位,但这只是实现农村剩余劳动力顺利转移的第一步。在城市工业吸纳农村剩余劳动力的同时,还要科学引导工业的合理布局,避免人口向大城市的过度集中。中国台湾地区和日本都意识到了这一问题,并通过政策的合理引导取得了较好效果。

中国台湾地区工业化的一个主要特征就是中小企业的蓬勃发展,并逐步构建起以劳动密集型行业为支柱的工业发展体系,这些劳动密集型行业的发展则吸纳了大量的农村剩余劳动力。从20世纪70年代开始,中国台湾地区则鼓励和支持工业逐步向城市郊区或农村进行布局,并就近吸纳农村劳动力。在1980年工业区的布局规划当中,有80%工业区计划布局在城市郊区和农村,这些措施使得中国台湾地区的农村剩余劳动力并没有单一地涌向大城市,工业的均衡布局实现了对农村剩余劳动力的有序转移。

日本政府通过1971年颁布的《农村地区企业导入促进法》和《工业重新布局促进法》,鼓励和支持企业在农村地区布局,这种引导不仅有利于工业企业降低用地和用工成本,同时也有利于城乡的均衡发展。但由于日本国土狭长,地形复杂,适合发展工业的地方不多,因此还是形成了一些人口密集的特大型城市。

而韩国的农村剩余劳动力则大量涌向工业集中的大城市,随着大城市人口数量的猛增,相应配套设施无法满足迅速膨胀的人口需求,从而出现了房价高涨、交通堵塞、医疗资源紧张等城市问题的产生。

2.1.3 拉丁美洲国家

少部分拉美国家于20世纪30年代、大部分拉美国家于20世纪50年代进入工业化和现代化的发展阶段,工业化进程以阿根廷、巴西、智利、墨西哥和乌拉圭等国为先导。由于1929年世界资本主义经济危机爆发之后,拉美国家长期实行的初级产品出口模式陷入困境,不得不着手建立本国的工业生产体系来满足国内市场对工业产品的需求。特别从第二次世界大战结束后,工业化潮流席卷了整个拉美地区。

工业化过程中,新产业的发展产生了新的劳动力需求。与工业化同步,拉美国家开启了城市化进程。1920年拉美国家的城市人口比重为22%,到1950年达到41.8%。从1950年开始,拉美国家的农村人口比重迅速下降,而城市人口比重在不断上升,农村人口增长率也不断下降,到2000年呈现负增长。在20世纪80年代,拉美国家普遍的城市化率直逼发达国家水平。但这并不是健康的城市化。

但从20世纪80年代开始,有一部分的农村人口由于无法在城市继续维持生计而回到农村地区,农村人口向城市移动的规模也开始逐渐缩小。这些是由于工业化水平与城市化水平不匹配,所导致的就业机会少,失业状况严重而造成的。

2.2 劳动力转移进程中存在的问题及对策

2.2.1 欧美国家

英国作为率先进入农村劳动力转移进程的国家,为后续进入该进程的国家提供了宝贵的经验。

(1) 问题的产生

15、16世纪的圈地运动开始时,英国尚未进入到机器大生产阶段,因此绝大多数失地农民很难在城市里找到工作,不得不沦为四处乞讨的流浪汉。

随着工业革命的深入,工业需要的劳动力也越来越多,曾经找不到工作的失地农民现在有了就业机会,有很多流浪者游荡在城市中的问题得以解决。

第二次工业革命开始后,英国由于两次工业革命之间的产业结构调整,对于劳动力的需求结构有所不同,这种失业成为英国当时面临的主要问题。德国、法国、美国等其他资本主义国家都是在工业发展的相对成熟的时期开始的农村剩余劳动力转移进程,这些国家并没有像英国那样的长时间大规模的失地农民流浪问题。同时这些国家在农村剩余劳动力转移之时所建立起的产业是使用了最新技术的,还并不需要重大的结构调整,因此也没有类似的失业问题。这些国家的大规模失业是从世界范围内的经济危机开始的,美国尤甚。需要注意的是,失地农民流浪以及失业等问题会引起一系列的社会问题,如犯罪率上升、社会矛盾激化等,直接影响着社会的安定。

(2)问题的发展与解决

起初,圈地运动规模有限,因此失地农民规模不大,英国政府也并未将其当成一种社会问题,仅归结于人性的懒惰。因此对于这些失地进城农民,一开始沿用中世纪对流浪汉的政策,即使用残酷的法律来惩罚他们。然而后来圈地的规模越来越大,失地进城农民越来越多,使得英国政府意识到仅用惩罚的措施是无用的,因此他们采取了恩威并施的政策。比如在使用惩罚措施的同时还救济乞丐,给予收入不足的人补贴,等等。

但救济政策会给国家财政增加很多负担。英国对外扩张的殖民统治,通过向外移民缓解了国内的失业压力。由一开始仅是由殖民公司组织的移民,到第一次工业革命完成后制定专门的移民政策。移民的对象基本上是失地农民,还有一部分犯人,人数众多。这对于解决过多的失地进城农民问题做出了巨大的贡献。

英国政府采取了建立劳动力移居地、设立公共工程等办法来治理失业问题,但均不能从根本解决问题。这期间又经历了两次世界大战和国际范围内的经济危机,使得失业情况更为严重。直到第二次世界大战后,英国福利国家制度的建立,才使得失业工人或者离开土地的农村剩余劳动力有了基本的社会保障,有效地避免了因国内失业压力过大而引发的各类社会矛盾。1948年英国还颁布了《国民救助法》,还有《工人赔偿法》《老年养老金法》《国民保险法》等一系列法律法规将国家福利保障体系制度化、程序化。另外,针对失业问题,英国政府还通过政策法律的制定,支持第三产业的大力发展,特别是餐饮业和旅游业的发展,创造大量的就业岗位,解决了失业问题。

在经济危机爆发后,美国为了解决失业问题,首先在1933年制定了《联邦经济救济法》,试图使失业者的生活先得到保障,还有此后于1935年制定的《社会保障法》也有同样目的。美国采取的解决就业问题的办法主要是政府投资公共工程,使失业者可以有稳定的收入。并且设立法案保证劳动者权益,调节劳资关系。在第二次世界大战以后,美国还制定了一些法律保护就业者,如1946年的《就业法》、1947年的《劳资关系法》和1994年的《劳动保障法案》等。

2.2.2 东亚部分国家及地区

对于中国台湾地区,如前所述,其劳动力转移过程中,由于其产业布局比较均匀地分散在大城市和中小城市之中,人口并没有完全进入大城市,各地区经济较为均衡地发展;同时,农村周围的非农业部门发展得也比较好,农村与城市之间也未形成较大的经济差距。因此中国台湾地区总体来说农村劳动力转移进程比较顺利,没有严重的问题。

日本,如前述,其1961年出台的《农业基本法》目标之一就是缩小城乡差距,同年颁布的《农业现代化资金筹措法》直接为实现农业现代化提供了资金支持。日本一直保持着支持农业的政策,并且鼓励在农村周围发展非农业部门,增加了农民的收入。因此日本的城乡差距并不是非常悬殊。

韩国虽然在工业化过程中城乡差距不断拉大,在1970年朴正熙政权上台之后,为了改善农村落后的面貌,开始推行"新村运动"。通过完善农村交通基础设施,改造农村水利工程,补贴农村家庭住房修葺等一系列措施,改变了韩国农村过去的落后面貌,增加了农民的收入,使得城乡之间的差距得到缓和。

(1)人口流向大城市所带来的问题

但由于日本和韩国的产业布局主要在大城市,城市对劳动力的吸引远大于农村,因此大量劳动力依旧流向大城市。这不仅造成了农村的"空心化",耕地无人耕种或者仅有年老的人耕种,还造成了大城市的城市病,城市交通拥堵,住房需求得不到满足,公共服务资源短缺。

(2)为解决问题所做的努力

日本在解决住房问题时,首先制定了《住宅建设计划法》,规定国家每隔5年制定一个住宅建设五年计划,形成一个自上而下的计划体系,使得日本的住宅情况逐步好转。并且日本为低收入者建造公共住宅,以解决他们的住房问题。但日本使大城市容纳更多人口的办法是提高城市容积率,充分开发地下空间,建设超高层建筑。日本发达的轨道交通也有效地防止了城市交通过度拥挤的状况。在增加住房方面,韩国不断充实法律以促进住房政策、降低房屋土地成本。比如制定《住房建设十年计划》《宅地开发促进法》(1980)等。

在解决城市拥挤这个根本问题上,韩国针对大城市采取了一系列疏解政策。比如首尔,其采取机构外迁、制定规划限制不同区域类型的开发程度、建设新城、建立发达的公共交通系统以及"迁都"等方式,疏解首尔的人口,并取得了较好的效果。

尽管韩国的大城市人口过多,但在韩国农村劳动力转移初期,由于大量的农村剩余劳动力知识技术水平较低,许多工作岗位难以与之招到能力匹配的员工,"招工难和就业难并存的人力供需不均衡"问题时常出现。于是为了克服这些问题,韩国引入了雇佣保险制度。雇佣保险制度涵盖包括职工的失业保险给付、再就业专项培训、岗位招聘信息推荐等内容,对韩国农村转移劳动力的失业救助以及再就业方面提供了重要的制度,使劳动力供给与需求更匹配。

2.2.3 拉丁美洲国家

拉美地区国家的农村剩余劳动力向城市转移过程中,尤其偏好大城市。从1950年到1970年,都市中心人口在总人口中所占比重,从39.3%上升到53.5%。1950—1960年的10年间,农村、小城镇人口仅增加了19%,而都市人口比重增加了67%。至1976年,阿根廷的都市化水平为69.9%,巴西为47.9%,智利为71.1%,哥伦比亚为54.5%。并且,拉美国家的土地普遍高度集中,很多无地农民被迫离开土地,去城市寻找工作。这就使得拉美国家的城市面临许多问题。

(1)城市贫困问题

拉美国家的农村劳动力向城市转移这一过程缺乏科学的引导和规划,无序的状态使城市人口急剧膨胀。而城市有限的现代工业部门短时间内并不能提供足够多的就业机会,从而导致城市就业压力剧增。这些失业者在农村失去了土地,到城市又没有稳定的收入来源,常年聚集在"非正规住房"的地区,形成了城市的贫民窟。

多数拉美国家在经历了20世纪80年代的债务危机之后,国家经济长期萧条,停滞不前。因此针对城市的贫困问题,它们主要采取的方法是"聚焦法",比如哥伦比亚会集中向贫困家庭发放食品补贴,增加对贫困人口的教育和卫生投入等。同时,各国还把增加就业作为减少贫困的主要途径,如扶持小微企业发展,加强就业培训等措施,在一定程度上拓宽了城市贫困人口的就业渠道。另外,拉美许多国家还通过建立专项扶贫基金,对卫生医疗、儿童教育、公共设施等社会薄弱领域提供扶贫支持。

虽然拉美国家的扶贫计划在实施中还存在诸多不足,但是也取得了一定成绩,最显著的是贫困人口增加的势头已经明显减缓,部分国家贫困人口绝对数量下降。墨西哥1989年"极端贫困人口"1490万,1992减少到1360万,2010年减少到1170万人。

(2)城市就业问题

城市中的失业者需要维持生计,于是许多人进入各式各样的商业和服务行业,或者成为个体经营者等"非正规就业"部门。这些部门工资收入低,劳动强度大,既没有劳动合同,也没有社会保险,基本的劳工权益得不到保障。即使这样还有大量的失业者无法找到就业的机会。

针对这些问题,拉美国家普遍采取的办法就是调整产业结构,发展出口导向型的产业。如果仅仅是初级产品的出口,那么所创造的就业岗位就相对有限,再加上产品附加值低,工人工资也相对较低。因此,在产业结构调整初期拉美国家并没有取得预期的效果。

进入21世纪,拉美各国又采取不同的措施应对日益紧张的就业问题。巴西政府通过构建就业公共服务体系,为全国的求职者提供更多的岗位招聘信息,同时也加大对国内基础设施的投资建设力度,通过投资带动创造就业岗位。秘鲁则大力发展旅游观光农业,促进农民的就近择业;同时也通过基础设施建设,包括修建公路、铺设乡村道路以及电力、卫生服务等公共设施工程等,提供许多临时就业机会。

3)社会保障不平等问题

这种社会保障的不平等主要体现在"正规就业部门"对比"非正规就业部门"。之前提到,这些非正规就业部门的从业者基本没有任何的社会保障,基本的权益也得不到保护。而且在20世纪80年代之前,拉美国家的社会保障只覆盖城市正规就业部门的雇佣劳动者,农民、个体户以及"非正规就业部门"的从业者都被排除在国家社会保障体系之外。

种种社会保障不平等的问题,不断激化着拉美国家的社会矛盾,急需通过改革来解决。

最先开始改革的国家是智利,从20世纪80年代初期就着手在提高社会保障的覆盖率方面进行了一系列的制度改革;到了90年代,秘鲁、哥伦比亚、阿根廷、巴西、墨西哥、玻利维亚等国也都相继推出了社会保障制度改革方案并付诸实施。在此主要介绍智利针对社会保障不平等所做出的改变。

在养老保险,智利政府建立了社会养老救助金制度,对于年龄超过65岁的老人,在收入低于最低养老金标准50%以上时,便可以获得政府所提供的救助养老金。在医疗保险方面,通过引入商业保险,减轻政府公共财政的负担,并将无力支付保费的贫困人口纳入公共医疗保险体系,由政府财政进行兜底。在失业保险方面,大幅扩大失业保险的覆盖面,所有年满18周岁在私人部门工作并领取薪水的员工都允许被纳入到失业保险的范畴,并通过税费减免的方式鼓励雇主为员工购买失业保险。同时,智利针对贫困人口还构建了一整套社会救助制度,包括统一家庭津贴、生活用水补贴、住房补贴和失业救助,努力改善贫困人口的生活状况。

第 3 章 改革开放以来我国农民工市民化的发展进程及其政策演变

以 2017 年人口城镇化率为例,按照常住人口统计,我国的城镇化率为 58.52%;按照户籍人口统计,我国的城镇化率是 42.35%。这二者相差 16.17 个百分点,其缺口主要在于被统计为城镇人口但未在城市落户的 2.24 亿农民工及其随迁家属。在现行的城乡二元户籍制度下,大部分农民工尽管实现了地域转移(离开农村、进入城市)和职业转化(就业非农化),但在权益上并未实现市民化,即具备城市生活能力的农民工没有获得城镇居民户籍身份,无法平等共享城镇教育、医疗、卫生、住房保障等公共服务和基本权益,呈现出显著的"半城镇化"或不完全城镇化特征。

3.1 城镇化背景下的农民工市民化问题

2001 年诺贝尔经济学奖得主斯蒂格利茨认为,影响世界 21 世纪进程的两件大事,一是美国的高科技,二是中国的城镇化。所谓城镇化是指人口向城镇聚集、城镇规模扩大以及由此引起一系列经济社会变化的过程,其实质是空间结构、经济结构和社会结构的变迁(魏后凯,2005)。具体而言,从空间结构看,城镇化是人口、要素和产业活动向城镇地区聚集的过程,其主要表现之一是农村人口或农业转移人口向城市的大规模流动;从经济结构看,城镇化是农业活动逐步向非农业活动转化,或第一产业逐步向第二、第三产业转化,以及产业结构升级的过程;从社会结构看,城镇化就是农村人口转变为城镇人口以及城市文明不断发展,其价值观念和生活方式向农村扩散、渗透的过程。

我国自改革开放以来,城镇化快速发展,城镇化水平由1978年的17.9%提高到1996年的30.4%,平均每年增长0.62个百分点;2000年以后,我国城镇化水平则以每年提高约1个百分点的速度增长,到2015年已经达到56.1%,城镇常住人口约7.7亿。根据诺瑟姆(Ray M. Northam)的城镇化S形曲线理论,城镇化进程可分为三个阶段:初期缓慢发展阶段(城镇化水平低于30%)、中期加速发展阶段(城镇化水平处于30%—70%)和后期平稳发展阶段(城镇化水平高于70%)。依据这种划分,1978—1995年我国处于城镇化缓慢发展阶段,1996年至今我国处于城市化加速发展阶段。

改革开放以来,我国城镇化取得了举世瞩目的成就,但是在这一过程中也出现了一些问题。以2011年为例,这一年,我国城镇化率首次突破50%关口,达到51.27%,城镇常住人口超过了乡村常住人口,这是我国社会结构的一个历史性变化,表明中国已经结束了以乡村型社会为主体的时代,开始进入以城市型社会为主体的新的城市时代(潘家华、魏后凯,2012)。但是,这一年,我国户籍人口城镇化率仅有35%,户籍人口城镇化率与常住人口城镇化率的差距从2000年的10.5个百分点扩大到16.3个百分点。这一年,我国农民工总量为2.53亿,其中外出农民工1.59亿,这些外出农民工主要在城镇地区工作和居住。他们为城市发展做出了巨大贡献,他们虽然被统计为城镇人口,但是他们却没有城市户口,未获得市民身份和市民待遇,难以真正融入城市生活,成为真正的市民。

城镇化的核心是人的城镇化,即农民变为市民的过程。由此看来,我国城镇化不是速度不快、规模不大的问题,而是质量不高的问题。或者说,我国目前是一种典型的不完全城镇化。这种不完全性主要体现之一就是进城务工的农民工市民化程度低。他们虽然常住在城镇地区,从事非农产业,并被统计为城镇居民,但他们并没有真正融入城市,他们未获得市民身份,在劳动就业、工资福利、子女就学、社会保障、保障性住房购买等方面也未享受到与市民同等的待遇;其生活与消费方式仍保留着农民的习惯和特征,尽管他们已经离开了农村,在城市生活和工作,但自身的社会保障权益却无法融入城市体制中去。

推进农民工市民化,使进城农民融入城市,平等共享城镇化和现代化的成果和利益,是提高我国城镇化质量的重要举措,也是解决不完全城镇化问题的关键。党的十八大报告明确指出要"有序推进农业转移人口市民化,努力实现城镇基本公共服务常住人口全覆盖"。

3.2 研究背景和农民工市民化问题的总体进程研究

根据库兹涅茨定理,劳动力从第一产业向第二、三产业的转移是经济发展的基本规律。城镇是非农产业的集聚地,农村剩余劳动力从农村向城镇集聚,实现就业非农化以及进一步的身份市民化,是很多国家或地区在社会转型和实现现代化过程中必然经历的一个过程。

早期西方发达国家在市场经济条件下通过人口迁移完成农民市民化,即农村劳动力转移与市民化基本上是同一个过程,因此也就没有农民市民化与农民工市民化的区分。但是,我国在完成这一过程当中,既面临着户籍及其附属制度的约束形成的城乡二元结构,还面临着从原有计划经济体制向市场经济体制转型的任务,这使得我国农民市民化问题变得异常复杂,也由此形成了我国农民非农转移与市民化的不同步性。

在农民工的产生方面,以蔡昉为代表的学者认为中国传统的重工业优先发展战略以及相应体制是农民工产生的深层原因(蔡昉,2001)。陈浩(1996)从"推力-拉力"角度解释了农民工产生的原因。简新华、黄锟(2008)比较全面地分析了农民工产生的原因,尤其是从经济结构和制度层面的分析,对中国工业化和城市化的特殊性及其对农民工的影响的探讨,更为深刻、更具特色。

在农民工发展趋势和市民化方面,简新华、黄锟(2008)认为,在中国城乡二元制度条件下,农村劳动力转移主要包括两个大的阶段或两个大的层面:一是农业劳动力的非农化,实现职业上的转变,即农民在户籍不改变的情况下改变职业,从农业劳动力转变为农民工;二是实现非农劳动力的市民化,在生活上真正能够享受到市民待遇。刘传江、徐建玲(2008)认为,农民工市民化既是一种过程也是一种结果,从结果的角度看,它包括农民工职业、社会身份、自身素质以及意识行为市民化四个层面;从过程的角度来看,它包括农民工从农村退出、城市进入以及城市融合三个环节。金三林(2013)认为,农业转移人口市民化是一个过程,这一过程包括四个基本阶段:一是转移就业,由农民变成工人或其他非农就业人员,实现职业身份的转换;二是均享服务,农业转移人口自身及其家庭逐步进入流入地域城镇公共服务体系;三是取得户籍资格,获取完整的市民权利,实现社会身份的转换;四是心理和文化完全融入城镇,成为真正的市民。

由此,我们可以看到,农民工市民化不仅仅是离开农村、进入城市,实现地域转移(农村—城市),还有职业转变(就业非农化)和身份转变(农民—市民),更重要的或许还有生活方式、价值观念、社会认同上完全融入城市社会的转变过程(完全市民化)。因此,农民工市民化是一个多层次、多阶段过程。在本文研究之前,我们结合农民工市民化的内涵和我国农民工市民化的阶段性,大致划分我国农民工市民化的总体进程并明确我国目前所处阶段,以便于对农民工市民化问题进行深入分析。

我国农民工市民化大致要经历三个阶段:第一阶段离开农村、进入城市,切断与土地的联系,实现人口的地域转移和就业结构从第一产业向第二、三产业转变,其本质的特征是职业转变,即由农民变成工人或其他非农就业人员,这一阶段为职业市民化阶段;第二阶段与城市的逐步融合,具备城市生活能力的农民工获得城镇居民户籍身份,并享受与城镇户籍居民同等的教育、医疗、卫生、住房保障等公共服务和社会保障,其实质是身份转变,最主要的特征是权益即公共服务和社会权利均等化的过程,这一阶段为权益市民化阶段;第三阶段彻底市民化或完全市民化,实现由农民到市民的心理和文化的转变,成为真正的市民,其最主要的特征是社会文化层面的转型,即完全市民化阶段(如图3-1所示)。

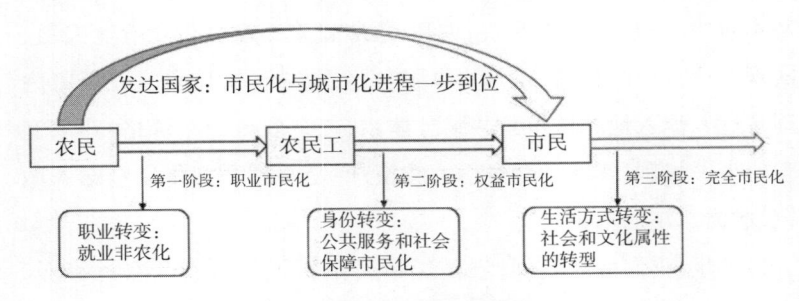

```
发达国家：市民化与城市化进程一步到位
┌──────┐        ┌──────┐        ┌──────┐
│ 农民 │───────▶│农民工│───────▶│ 市民 │──────▶
└──────┘        └──────┘        └──────┘
        第一阶段：职业市民化   第二阶段：权益市民化   第三阶段：完全市民化
   ┌──────────┐        ┌──────────────┐      ┌──────────────┐
   │职业转变： │        │身份转变：    │      │生活方式转变：│
   │就业非农化│        │公共服务和社会│      │社会和文化属性│
   │          │        │保障市民化    │      │的转型        │
   └──────────┘        └──────────────┘      └──────────────┘
```

图 3-1　农民工市民化的转变过程

目前,我国基本实现了第一阶段的转变,外出务工的农民工大多在城镇工作和居住,但他们却因为户籍制度等因素的阻碍,未能顺利完成身份和权益的市民化,即我国农民工市民化目前正处于第二阶段。这一阶段的实质是身份转变,即获得城镇居民户籍身份和实现公共服务和社会权利均等化的过程。在本文,研究我国农民工市民化的总体进程及其政策演变,也就是对第一、第二两个阶段的研究分析。

3.3　问题分析与农民工市民化的政策演变

由于我国农民工市民化滞后于土地城镇化和经济发展,社会发展及相关制度安排又滞后于农民工的人口市民化,因此,在本文研究我国农民工市民化的总体进程及其政策演变时,为了研究的方便,也为了更好地反映我国农民工市民化的不同步性,我们分别从人口流动、就业、户籍制度、公共服务和社会保障等多方面来分析我国农民工市民化的总体进程与政策演变过程,为解决我国农民工市民化提供经验依据。

农民工市民化成为一个社会经济问题,并引起广泛关注,始于改革开放以后人口的大规模流动,因此我们的研究重点在改革开放以后的发展演变。但改革开放以前形成的城乡分割时至今日仍对农民工市民化进程产生制度性约束。因此,我们首先简要回顾改革开放以前城乡分割的二元结构形成的时代背景,在计划经济时期,逐步形成以户籍限制人口流动的管理模式,也开始实行城乡差异化的公共服务和社会保障政策。其次,我们简单回顾了改革开放以来我国人口流动的情况,人口流动尤其从农村到城市的大规模流动是城乡、区域经济差距的结果,也是农民工市民化的起点,了解其流动方式和特点,把握其阶段性,是我们给农民工市民化问题"把脉"的过程。再次,我们从人口流动管理政策和就业政策的演变来进一步理解市民化的第一阶段的实质,在我国,相关政策演变滞后于农民工的人口市民化,因此制约了其市民化进程。最后,我们从现阶段(第二阶段)农民工市民化的两个方面,即户籍制度、公共服务和社会保障的政策演变来把握现阶段农民工市民化问题与障碍。

3.3.1 城乡分割:改革开放以前的历史回顾

城乡分割是在工业化基础相当薄弱的情况下,从农业剩余产品中聚集工业化所需资金而采用的一种城市偏向性政策。新中国成立初期,在经济发展水平很低、农业人口比例很高的情况下,为了迅速推进工业化进程,政府通过强制性低价收购农产品,保证工业生产和城市居民消费所需要的农产品供应。为了维持这种工业积累体制的正常运行,政府需要在城乡间设置层层壁垒,防止农村劳动力大规模流向城市,1955年6月国务院发布《关于建立经常户口登记制度的指示》;1956—1957年又连续颁发4个限制和控制农民盲目流入城市的文件;1958年1月,以《中华人民共和国户口登记条例》为标志,我国政府开始对人口自由流动实行严格限制和政府管制,第一次明确将城乡居民区分为"农业户口"和"非农业户口",并限制农业户口的人口向非农业户口流转。

自此,在1958—1978年期间,我国政府不仅采取各种措施严格控制农村人口进入城镇转为非农业人口,还要求城镇非农业人口下乡到农村去工作和生活,以减少城镇人口。比如,1977年国务院批转《公安部关于处理户口迁移的规定》,要求区分不同的户口迁移情形,按严格控制和适当控制原则分别处理,其中一条,严格控制从农村迁往市、镇(含矿区、林区),由农业人口转为非农业人口等。该时期正式形成城乡二元分割的户籍管理制度。

与此同时,计划经济体制下,由于社会资源总体供给不足,为了保证工业的迅速发展,国家将资金、技术等集中在城市,从而开始实行城乡差异化的公共服务和社会保障政策。具体而言,科教、医疗、就业、养老等公共服务和福利保障开始倾向于城市居民,并与户籍挂钩,紧俏商品供给甚至粮油食品供给也与户口挂钩,由此逐步形成了城乡二元分割的公共服务和社会保障制度。具体如表3-1所示。

表3-1 城乡分割下农业人口与非农业人口经济社会权益差别

内容	农业人口	非农业人口
地位	自我支持 受较弱的国家控制	受国家保护 受政治控制
就业制度	自然就业 丧失劳动能力自然淘汰 收入较低且无保障	国家安排 终身职业保障 固定工资收入

续表

内容	农业人口	非农业人口
物质供应	以剪刀差形式贡献农产品 并购买工业品	低价食品供应 低价生活品配给
福利制度	自建住房 生老病死自己负担 教育设施简陋 居民受教育率低下	无偿分配住房 高额住房补贴 免费医疗 良好的教育设施 教育普及率很高
补贴	与各种补贴和优惠无缘	享受各种财政补贴和优惠
流动	固定于农业与土地	进入受到限制

资料来源：王竹林，《城市化进程中农民工市民化问题研究》。

3.3.2 起点：改革开放以来我国人口流动的简要回顾

1978年实行改革开放以后，家庭联产承包责任制改革使长期在农业生产中的隐蔽型失业显露出来，形成了大量的农村剩余劳动力，随着工业化和城镇化进程的推进，在非农就业高额报酬的诱导下，这些剩余劳动力开始向农村非农产业、小城镇甚至大中城市流动，随之，限制劳动力流动的政策也开始逐步解除。

第一阶段：20世纪80年代初期到80年代末期，农村家庭联产承包责任制的推行，提高了农民生产积极性，农业生产效率得到大幅提升，并由此在广大农村出现了大量的劳动力剩余。与此同时，中国乡镇企业异军突起，大量的农村剩余劳动力开始脱离农地进入乡镇企业就业。农民工数量从20世纪80年代初期的200万人左右发展到1989年的3,000万人左右，年均增长50%左右。乡镇企业是农民工就业的主要渠道，跨省流动的人数逐年增多，但比重仍较小,1989年约为23%。

第二阶段:20世纪90年代初期到21世纪初期,邓小平南方讲话之后,沿海城市在对外开放红利的推动下吸引了大量外资,这一阶段,劳动力异地转移的限制逐渐放宽,再加上乡镇企业发展趋缓,农民工异地跨省就业规模增大。外出就业农民工数量从20世纪90年代初期的6,000万人左右发展到21世纪初期的1亿人左右,沿海地区和城市第二、第三产业成为农民工就业的主要渠道,跨省流动比重大幅上升,1993年全国跨省流动的农民工约为2,200万人,跨省流动的比重达到35.5%,2001年达到44%。

第三阶段:21世纪初期到2007年,农村劳动力供求关系进入重要转折期,农民工数量增长稳中趋缓。2002—2007年,外出就业农民工数量年均增长650万—700万人左右,年均增长5%左右,低于20世纪90年代的平均增速(15%),进入稳定增长阶段。总体上农村劳动力仍然过剩,但结构性供求矛盾开始突出,一方面沿海地区制造业受用地成本的制约,许多企业向内地转移,农民工就近就业的趋势逐步增强,另一方面,沿海地区对高级技工的需求量增加,劳动力结构性短缺问题凸显,"民工荒"在沿海地区成为常态。

第四阶段:2008年至今,人口流动调整期。金融危机对沿海地区的制造业企业造成了较大的冲击,随着部分企业的关闭停产,大批农民工返乡。但随着国家一系列扩大内需政策的实施以及制造业向内地的转移,农民工就业恢复较快,2009年全年外出就业农民工达到1.45亿人,比2008年增加492万人,增长3.5%,一直到2015年,外出就业的农民工总量一直保持平稳增长,但增长速度呈逐渐回落趋势,如表3-2和图3-2、图3-3所示。

表 3-2 农民工数量

单位:万人

	2008年	2009年	2010年	2011年	2012年	2013年	2014年	2015年
农民工总量	22,542	22,978	24,223	25,278	26,261	26,894	27,395	27,747
1.外出农民工	14,041	14,533	15,335	15,863	16,336	16,610	16,821	16,884
(1)住户中外出农民工	11,182	11,567	12,264	12,584	12,961	13,085	13,243	-
(2)举家外出农民工	2,859	2,966	3,071	3,279	3,375	3,525	3,578	-
2.本地农民工	8,501	8,445	8,888	9,415	9,925	10,284	10,574	10,863

数据来源:根据国家统计局历年发布的全国农民工监测调查报告整理,图 3-2、图 3-3 均以此为依据做出。

如图 3-2 和图 3-3 所示,2010 年以来农民工总量增速持续回落。2011 年、2012 年、2013 年、2014 年和 2015 年农民工总量增速分别比上年回落 1.0、0.5、1.5、0.5 和 0.6 个百分点。2011 年、2012 年、2013 年、2014 年和 2015 年外出农民工人数增速分别比上年回落 2.1、0.5、1.3、0.4 和 0.9 个百分点。

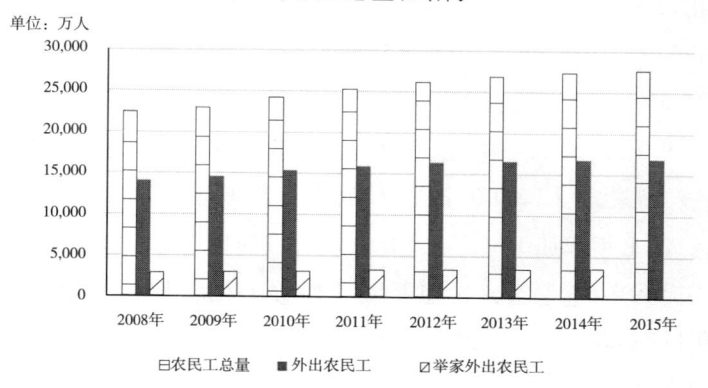

图 3-2 2008 年以来我国农民工总量及结构

农民工增速

	2009年	2010年	2011年	2012年	2013年	2014年	2015年
农民工总量	1.93	5.42	4.36	3.89	2.41	1.86	1.28
外出农民工	3.50	5.52	3.44	2.98	1.68	1.27	0.37
本地农民工	-0.66	5.25	5.93	5.42	3.62	2.82	2.73

图 3-3　2008 年以来我国农民工增速

同时,随着国家产业结构和区域经济布局的调整,中部崛起、西部大开发政策的深入实施,以及沿海地区劳动密集型产业向中西部转移,农民工的区域流向发生明显变化。国家统计局 2009 年的调查显示,与 2005 年相比,东部地区吸纳外出农民工总数的比重由 75.4% 下降到 62.5%,中部地区由 12.3% 提高到 17%,西部地区由 12% 提高到 20.2%。2015 年,从输入地看,在中部地区务工农民工 5,977 万人,比上年增加 184 万人,增长 3.2%,占农民工总量的 21.5%,比上年提高 0.4 个百分点;在东部地区务工农民工 16,489 万人,比上年增加 64 万人,增长 0.4%,占农民工总量的 59.4%,比上年下降 0.5 个百分点;在西部地区务工农民工 5,209 万人,比上年增加 104 万人,增长 2%,占农民工总量的 18.8%,比上年提高 0.1 个百分点。如表 3-2 所示。虽然外出农民工的就业地仍以东部地区为主,但中西部地区的就业比重开始上升,跨省外出的比重开始下降。

表3-2 按输入地分的农民工地区构成

单位:万人

	2015年			2014年		
	东部	中部	西部	东部	中部	西部
农民工	16,489	5,977	5,209	16,425	5,793	5,105

3.3.3 职业市民化:人口管理政策和就业政策的演变

政策性因素在农民工市民化进程中起着举足轻重的作用,国家和地方政府对农业转移人口实行的政策措施会直接影响到他们的待遇和生活状况,影响其市民化进程。

在农民工市民化的第一阶段,即职业市民化阶段,因劳动收入差异而产生的农业转移人口的大规模流动以及随之而来的就业,是我国第一阶段的主线。因此,人口管理特别是流动人口管理政策和就业政策以及政府对政策的执行落实情况等起着主要的影响作用。

(1)我国人口管理政策的变迁

改革开放以前,由于城乡分割的户籍制度和就业制度,人口流动受到了严格的控制。随着改革开放,经济和社会的发展,特别是工业化和城镇化的发展,城乡分割的弊端逐渐显现,并严重制约着城乡流动。在此背景下,1984年10月,国务院发布《关于农民进入集镇落户问题的通知》,允许农民自理口粮进集镇就业;1985年7月发布《关于城镇暂住人口管理的暂行规定》,建立居民身份证制度,为人口迁移创造了管理条件。这两条政策的出台放宽了农业人口向城镇转移的限制,支持农村的剩余劳动力到城镇务工、经商。又随着1986年《国营企业实行劳动合同制暂行规定》和《国营企业招用工人暂行规定》的出台,国营企业吸纳了大量的农村剩余劳动力,进一步推进了农业人口向城镇转移的过程。1984—1988年,这一时期的国家政策对人口的自由流动稍有放宽,促进了农民工市民化的快速增长。

为了控制随之而来的农村剩余劳动力的盲目流动和大规模转移给城镇带来的社会治安、交通运输等问题,国家自1989年开始相继颁布了《关于进一步做好控制民工盲目外流的通知》《国务院关于严格控制"农转非"过快增长的通知》《关于做好劳动就业工作的通知》等政策,要求对农业转移人口向城镇的盲目涌入进行严格管理和有效控制。这些政策的出台使得1989—1991年农村剩余劳动力的转移几乎停滞,也制约了农民工市民化的进一步发展。

随着商品市场的繁荣,20世纪90年代初基于城乡户籍身份差异的日用消费品票据制度逐步被废除,这为农村劳动人口向城镇的转移创造了积极的制度条件,极大地促进了中国农村剩余劳动人口向城镇的就业迁移。国家也因此调整了农村劳动力流动的相关政策。1994年的《农村劳动力跨省流动就业暂行规定》和1995年的《关于加强流动人口管理工作的意见》的颁布,从政策上规范和引导农村剩余劳动力向城镇的迁移。1992—2000年,这一时期农业人口的转移不再是自发、无序、盲目的转移,而是在政府的组织和指导下有序转移。

2000年来,我国不断放宽户籍管理和人口流动管理,并出台了一系列有利于农业转移人员自由流动的政策和措施。2001年北京市颁布《关于推进小城镇户籍管理制度改革意见》并在14个卫星城和33个中心镇实行试点,其工作目标是"要有利于小城镇健康发展,有利于加快农村富余劳动力的转移"。2001年11月颁布的《国务院批准公安部关于推进小城镇户籍管理制度改革意见的通知》亦有相似的规定。党的十六大报告也指出:"农村富余劳动力向非农产业和城镇转移,是工业化和现代化的必然趋势","消除不利于城镇发展的制度和政策障碍,引导农村劳动力合理有序流动"。此后,十七大、十八大进一步提出,"引导农村人口的合理有序流动"。

改革开放以来,我国人口管理政策经历了从自由流动到严格控制到引导、规范流动再到公平流动的变迁,如表3-3所示。总体而言,现阶段政府对待农业人口转移的政策态度是积极的,这有利于我国农民工市民化的发展。

表3-3 改革开放以来我国人口流动管理政策的变迁

时期	政策	内容
1978—1983年	控制流动期	城乡分割的户籍制度和就业制度,农村劳动力流动受到严格限制。
1984—1988年	允许流动期	国家允许农民自筹资金、自理口粮,进入城镇务工经商,农村劳动力的转移和流动进入一个较快增长的时期。
1989—1991年	控制盲目流动期	政府加强对农民工盲目外流的管理,引导农民离土不离乡,严格控制"农转非"过快增长,从严或暂停办理民工外出务工手续等。
1992—2000年	规范流动期	政策调整为鼓励、引导和实行宏观调控下的有序流动,但部分省市出台了各种限制农村劳动力进城及外来劳动力务工的规定和政策。
2000年至今	公平流动期	取消对农民工进城就业的不合理限制,积极推进就业、保障、户籍、教育、住房、小城镇建设等多方面的配套改革。

资料来源:《农民工进城是大势所趋——专访国务院发展研究中心研究员崔传义》。

(2)我国就业政策的变迁

随着国家放宽对流动人口的控制,我国的就业政策也逐渐转为允许农业人口进城务工就业。1982—1985年中央一号文件,在肯定家庭联产承包责任取得重要成果的基础上，逐步放活农村的工业和商业活动，开始支持农民进城镇务工、开店设坊、兴服务业，并肯定了其对于促进集镇发展、繁荣城乡经济的作用。此外，《国营企业实行劳动合同制暂行规定》和《国营企业招用工人暂行规定》等政策的出台，鼓励了农业剩余人口进城就业，在一定程度上实现了部分农民工的市民化。

然而人口流动政策的放宽和就业政策的支持使得大量的农村剩余劳动力融入城镇，为了配合人口流动政策对盲目融入的农业人口的控制，我国就业政策也相应地进行了调整。《国务院关于做好劳动就业工作的通知》《劳动部关于农村劳动力跨省流动就业的暂行规定》《中办国办转发关于加强流动人口管理工作促进农村剩余劳动力就地就近转移的意见》等一系列的政策措施，严格控制了农民工的盲目外流和进城务工，此时，农民工进城就业的障碍以及衍生性障碍逐渐增多、加大，主要体现在经济、法律和行政手段等多方面的控制。

进入21世纪以来，国家越来越重视统筹城乡协调发展，于是开始重视农民工的市民化，并出台了一系列支持农业人口就业的政策。2004年中央一号文件提出：取消农业人口进城就业限制，保护其合法权益。2006年发布的《国务院关于解决农民问题的若干意见》，系统全面地提出了解决农民工问题的指导和原则，强调要消除农业转移人口就业歧视和促进机会均等。2008年1月1日起实施的《就业促进法》第31条明确规定，农业劳动者进城享有与城镇劳动者平等的劳动权利，不得对农村劳动者进城设置歧视性限制。此外，2007年颁布的《劳动法》《就业促进法》《劳动合同法》《劳动争议仲裁法》等相关法律法规在法律层面上消除了就业歧视，为农民工的就业提供了保障。如表3-4所示。

表3-4 支持农业转移人口进城的就业政策

发布时间	政策名称	政策要点
2002.1	中共中央国务院关于做好2002年农业和农村工作意见	对农民进城务工"公平对待,合理引导,完善管理,搞好服务"
2003.1	国务院办公厅《关于做好农民进城务工就业管理和服务工作的通知》	要求各地提高认识,取消对农民进城就业的不合理限制,解决拖欠和克扣农民工工资问题,改善农民工生产生活条件
2003.10	中共中央关于完善社会主义市场经济体制若干问题的决定	要改善农村富余劳动力转移就业的环境,逐步统一城乡劳动力市场,加强引导和管理,形成城乡平等就业制度
2003.10	2003—2010年全国农民工培训规划	提高农民工文化素质和就业能力,提高农村劳动力向非农产业和城镇转移就业的能力,经费由政府承担
2003.11	国务院办公厅《关于切实解决建设领域拖欠工程款问题的通知》	自2004年起,用3年时间基本解决建设领域拖欠工程款以及拖欠农民工工资问题
2005.11	国务院《关于进一步加强就业再培训工作的通知》	公共就业服务机构对进城求职的农村劳动者要提供免费的职业介绍服务和一次性职业培训补贴
2006.3	《国务院关于解决农民工问题的若干意见》	统筹城乡发展,以人为本,认真解决涉及农民工利益的问题。对解决工资偏低和拖欠问题,依法规范劳动管理等
2006.4	国务院办公厅转发《劳动保障部关于做好被征地农民就业培训和社会保障工作指导意见的通知》	推进农民工和被征地农民的就业服务与社会保障
2007.8	中华人民共和国就业促进法	取消了农民进城务工和城镇企事业单位招收农民工的限制性规定
2007.11	劳动部发布《就业服务与就业管理规定》	
2008.10	中共中央关于推进农村改革发展若干重大问题的决定	提出统筹城乡劳动就业,加快建立城乡统一的人力资源市场,引导农民有序外出就业,鼓励农民就近转移就业,扶持农民工返乡创业
2010.1	关于进一步做好农民工培训工作的指导意见	加强培训工作统筹规划,建立规范的培训资金管理制度,发挥企业培训促进就业的作用

从表3-4可以看出,我国针对农业转移人口即农民工出台了

一系列政策措施支持、鼓励农村剩余劳动力进城务工,不仅规范就业管理还提供教育培训和社会保障,为农民工创造良好的工作基础和生活环境。

(3)政策实施成效

改革开放以来,尤其是近年来,国家政府颁布了工资、劳动、就业、培训等近十项有关农民工市民化的相关政策,不少地方政府,尤其是东南沿海经济发达地区如上海、广东等地方政府,积极响应党和国家的农民工政策方针,在农民工管理与服务方面进行了诸多创新(曹小霞、李练军,2012)。这一系列的政策和措施鼓励、支持了农村剩余劳动力进城务工、生活,有利于农民工市民化的进程。

虽然现阶段针对农民工人口管理和就业的相关法律法规仍不够完善不够健全、政策滞后于农民工的人口市民化,这给农民工市民化的发展带来了不少阻碍。但总体而言,我国现阶段的人口管理政策和就业政策有利于促进农民工市民化的进程。

3.3.4 权益市民化:户籍制度和公共服务、社会保障

所谓农民工市民化,就是农民工在进城务工、实现职业转变的基础上,获得城镇永久居住身份,平等地享受与城镇居民同等的各项公共服务,并进一步融入城市的经济、社会、政治和文化生活,成为真正的完全的城市市民的过程。

我国目前已基本实现农民工的就业市民化,正处于农民工市民化的第二阶段,具体而言就是具备城市生活能力的农民工获得城镇居民户籍身份,并享受与城镇户籍居民同等的教育、医疗、卫生、住房保障等公共服务和社会保障,即权益市民化阶段。

当前,我国户籍制度改革严重滞后,已经成为制约农民工市民化进程和城镇化质量提升的重要障碍。但是,农民工与市民的差别仅仅从表面上表现在户籍差异上,城镇户籍背后的社会权利,即相应的公共服务和社会保障能否共享,才是农民工市民化这一阶段的实质和主要标志。因此,对第二阶段的农民工市民化,户籍制度的改革只是"标",而针对城乡户籍制度下各种福利保障之间差距的改革才是"本"。

（1）我国户籍制度的演变

户籍制度是制约我国农民工市民化的主要制度性因素。长期以来,我国实行城乡分割的二元户籍制度,在城乡发展机会严重不平等的情况下,严格控制农村人口进入城镇转为非农业人口。直到今天,由于城乡户籍制度的障碍,进入城镇的农民工在就业机会、子女教育、社会保障、民主权利等方面仍不能完全享受与城镇原居民同等的待遇。

改革开放以来,随着经济的快速增长以及人口的大规模流动,社会上要求放开户口限制的呼声日益强烈。20世纪90年代中后期,上海、深圳、广州、厦门、北京等城市陆续推出"蓝印户口"和"工作居住证",对户籍改革进行了初步探索,如表3-5所示。

表3-5 近年来我国各地区户籍制度改革与创新探索模式

户籍模式	基本方法	代表性城市与省区
积分落户	外来人员根据个人素质、参保情况、社会贡献,以及就业、居住、纳税等指标累加落户申请积分,全市根据人口规模控制要求根据积分高低实施年度转户数量控制	广东省全境、宁波市等
产权住房条件落户	具备一定年限稳定职业、稳定生活来源和稳定住所,但稳定住所被解释为产权住房	厦门市主要城区;长春市、吉林市;西宁市;辽宁省
无产权住房条件落户	具备一定年限稳定就业、稳定生活来源和稳定住所,其稳定住所包括租赁住房	安徽、江西、吉林、广西、重庆、青海等

从 2000 年开始,政府明确提出要改革城乡二元体制,取消对农民进城就业的不合理限制,促进城乡统筹就业。2001 年 3 月,国务院批转了公安部《关于推进小城镇户籍管理制度改革的意见》,对办理小城镇常住户口的人员不再实行计划指标管理。2007 年党的十七大之后,各地城镇户籍控制进一步松动,相当多中小城市甚至大城市户口登记基本放开,尤其对辖区内居民。2011 年 2 月为了应对各地户籍管理的混乱状态,国务院办公厅发布《关于积极稳妥推进户籍管理制度改革的通知》,提出分类明确的户籍迁移政策,提出分类明确的户籍迁移制度,肯定并要求推广各地户籍创新探索。如表 3-5 所示,近年来我国各地区户籍制度改革与创新探索模式。2014 年 7 月,国务院发布《关于进一步推进户籍制度改革的意见》,对新一轮户籍改革的总体要求、差别性户口迁移政策、配套政策等做了明确规定;不仅是落户政策的调整,统一城乡户口登记、全面实施居住证制度、健全人口信息管理均提上议程,其改革力度、涉及范围和配套措施是前所未有的。

(2)我国公共服务和社会保障的城乡统筹

改革开放以后,经济体制改革带动了公共服务和社会保障供应的转型,但由于国家政策侧重差异和不同的改革起点,21 世纪以前,我国出现了城乡不同路径的公共服务和社会保障体制转型,城镇地区重构了与商品市场经济相适应的公共服务和社会保障体系,而农村地区则因为集体经济衰落和县乡财政困难,原有的公共服务和社会保障体系逐渐解体或萎缩,新的社会保障体系又没有有效建立起来。

到 20 世纪 90 年代末,农村剩余劳动力转移任务基本完成。进城务工的农民工由于长期的城市工作生活,部分有条件的开始逐渐把其家庭配偶、老人、小孩等非劳动人口迁入城镇,并开始表达对获得城镇居民户籍身份的渴望和享受与城镇户籍居民同等的教育、医疗、卫生、社会保障、住房保障等公共服务和社会保障的利益诉求。在农民工表达权益要求的情况下,同时在城乡二元差距进一步拉大的背景下,2002年党的十六大提出城乡统筹发展方略,出现了城乡公共服务均等化与农村产权制度改革合力推进农民工市民化的新趋势。

在公共服务方面,2003年9月国务院发布《关于进一步加强农村教育工作的决定》,重点加强农村义务教育,提出优先解决义务教育均衡发展问题。2006年《关于解决农民工问题的若干意见》规定,切实为农民工及家庭提供平等义务教育、疾病预防控制和计划免疫、计划生育和居住场所等相关公共服务。2006年9月,国务院出台《农村卫生服务体系建设与发展规划》《关于发展城市社区卫生服务的指导意见》,开始将农村和城市社区公共服务体系建设作为改革的重点。2010年发布的《国务院办公厅进一步做好农民工培训工作的指导意见》,要求各省建立农民工培训补贴制度等,也具有特殊保障的含义。2015年10月,国务院常务会议通过并于2016年1月1日施行的《居住证暂行条例(草案)》提出:努力实现农业转移人口及其他常住人口在城镇落户,让在城镇就业居住的农业转移人口和其他常住人口暂时没有落户的,能够逐步享受当地的基本公共服务和便利;推进户籍制度改革,统一城乡的户口登记制度,全面实施居住证制度。

其中,在农民工随迁子女教育方面,2000年以前,政府对农民工随迁子女的教育多采取限制性管理制度;1996年,国家教育委员会制定了《城镇流动人口中适龄儿童、少年就学办法(试行)》,允许农民工随迁子女以"借读"方式就近在城市入学、鼓励民办农民工子弟学校发展。1998年《流动儿童少年就学暂行办法》要求:"流动儿童少年常住户籍所在地人民政府应严格控制义务教育阶段适龄儿童少年外流",农民工随迁子女只能在城市"有条件的地方""借读"上学,而且要缴纳一定数额的"借读费"。2000年后,政府教育政策开始转变,逐步支持农民工随迁子女在城市接受义务教育。2001年5月国务院发布《关于基础教育改革与发展的决定》,提出农民工子女基础教育以流入地区政府管理为主。2003年《国务院办公厅转发教育部等部门关于进一步做好进城务工就业农民子女义务教育工作意见的通知》规定:开放城市公办中小学在有条件时接收农业转移人口随迁子女,确立以流入地政府和以全日制公办中小学"两为主"的管理原则。2006年国务院出台《关于解决进城务工农民问题的若干意见》规定"以全日制公办中小学为主接受农民工子女入学",且明确强调,公立学校不得向前来就学的农民工子女收取借读费。同年修订的《义务教育法》更从法律层面上对农业转移人员随迁子女受教育权利进行了保护。2012年,《国务院办公厅转发教育部等部门关于做好进城务工人员随迁子女接受义务教育后在当地参加升学考试工作意见的通知》提出:要因地制宜制定随迁子女升学考试具体政策。

住房是各项公共服务中进展最慢,同时也是农民工最关心的项目之一。从农民工的居住方式来看,目前,农民工在城市居住主要靠三种渠道解决:由用工单位提供住房、租房和购房。由用工单位提供住房和自己租房这两种情况比较普遍,只有极少部分农民工通过城市购房解决了城市居住问题,但这种情况主要还是限于一些小城市。针对这些问题,各地政府就改善农民工居住状况方面也做了许多探索,包括建设保障性的廉租住房、鼓励企业在工业园区建农民工宿舍等。广东省2008年发布《转发省劳动保障厅关于切实做好当前农民工稳定就业工作意见的通知》,要求从八个方面着手稳定农民工就业,其中一条重要内容就是"有条件的地方,可将拥有技师以上职业资格的农民工技术骨干纳入当地政府廉租住房保障体系"。

在社会保障方面,2003年出台的《工伤保险条例》和2006年国务院颁发的《关于解决农民工问题的若干意见》,共同构筑了当前农民工工伤保险政策体系;按照《关于解决农民工问题的若干意见》,各地要坚持分类指导、稳步推进的原则,优先解决工伤保险和大病医疗保障问题,逐步解决养老保障问题。2007年国务院又颁发《关于在全国建立农村最低生活保障制度的通知》《关于开展城镇居民基本医疗保险试点的指导意见》,为全国建立兜底性的城乡最低生活保障制度,同时将医疗保险由职业人群拓展到城镇非职业人群。由于各省社会保险账户管理方式、收支情况存在较大差异,城镇职工社会保险采取社会统筹和个人账户相结合的模式,其中个人账户被允许取出转移,而社会统筹难以分割转移。对此,2010年1月1日起施行的《城镇企业职工基本养老保险关系转移接续暂行办法》中规定:包括农业转移人口在内的参加城镇企业职工基本养老保险的所有人员,其基本养老保险关系可跨省就业时随同转移。目前农民工主要社会保险模式可参考表3-6,北京、浙江、深圳等地采用的"双低模式",上海、成都等地采取的"综合保险模式"。

表 3-6 农民工主要社会保险模式

模式	城镇职工养老保险(全国)	双低模式(北京)	综合保险模式(上海)
保险项目	养老、医疗、工伤、失业、生育	养老、医疗、工伤、失业	养老、医疗、工伤(外地施工企业仅涉及医疗、工伤保险)
缴费基数	一般为职工实际工作,上下限分别为上年度当地职工月平均工资的 300% 和 60%	为上年度全市职最低工资标准	上年度当地职工月平均工资的 60%
参保费率	养老:20%(企业缴费)+8%(个人缴费) 医疗:6%(企业缴费)+2%(个人缴费) 工伤:0.5%、1%和2%三种比例(企业缴费) 失业:2%(企业缴费)+1%(个人缴费) 生育:1%(企业缴费)	养老:19%(企业缴费)+8%(个人缴费) 医疗:2%(企业缴费) 工伤:0.5%、1%和2%三种比例(企业缴费) 失业:1%(企业缴费)	普通企业 12.5%(全部由用工企业缴费) 外地施工 5.5%(全部由用工企业缴费)
管理机构	政府社会保险管理机构	政府社会保险管理机构	政府主管机构委托商业保险公司支付和运作

资料来源:黄锟,《中国农民工市民化制度分析》,中国人民大学出版社2012年版,第89页。

在"双低模式"中,对农民工参保实行"低门槛进入、低标准享受"。即在当前通行的城镇职工社会保险下,为支付能力较低的参保农民工另设相类似的社会保险账户,其中各类社会保险项目实现较低缴费基数和缴费,以降低农民工参保成本。同时,也易于与城镇职工社会保险相衔接,方便农民工在具备条件时将"双低"的社会保险变更为普通城镇职工社会保险。而在"综合保险模式"中,则是为农民工建立专门的社会保险模式,有别于城镇职工社会保险与农村社会保险模式,由政府主管机构委托商业保险公司支付和运作。其主要特点是将农民工的工伤、医疗、养老三项保险捆绑在一起,实行较低费率标准,并完全由用工企业缴纳,农民工负担较低。

3.4 农民工市民化的几个主要模式

3.4.1 广东农民工市民化：积分入户

2010年6月,广东省政府出台《关于开展农民工积分制入户城镇工作的指导意见(试行)》,正式在全省推行"积分制入户"。所谓"积分制入户",是指对农民工学历、技能、参加社保情况、居住年限、社会贡献等进行指标量化评分,当积分达到规定值时,农民工即可申请在城镇落户。

按照广东省的积分制规则,农民工积分指标由两部分构成,一部分为广东省统一指标,另一部分为各市自定指标。其中,省统一指标包括个人素质、社保情况、社会贡献及减分指标。就个人素质而言,农民工的文化程度、职业资格和专业技术职称,可积5分—60分不等。而社保每个险种每缴满一年积1分,总分最高不超过50分。在社会贡献的评分中,包括献血、参加义工、慈善捐赠等项,此外,获得嘉奖者每次可积60分,最高不超过120分。除了加分项目,违反计生政策以及五年内有犯罪记录者,则会被扣分。至于各市的自定指标,则按照就业年限、居住时间、投资、纳税等设置积分标准。广东对于积分落户遵循"总量控制"的原则,总量指标每年年初由广东省发改委会同人保厅、公安厅下达给各地市,各地市再依据规模和资源承载能力,将指标下达给各城镇。

对于办理居住证的农民工,除可依法享有劳动就业、社会保险、法律援助、计划生育、卫生保健、职称评定和其他方面的七类公共服务外,还可享受交通、出访、社会事务管理和居住地政府提供的其他公共服务等四类服务,即"7+4"服务,并递进享有"5年入学、7年入户"的子女教育和家庭落户服务。

3.4.2 嘉兴市农民工市民化:以居住证制度改革实行农民工分类管理的新模式

嘉兴市从2008年起全面推行居住证制度,摆脱过去户籍制度的制约,从基本的权益与福利入手,探索建立了与经济社会发展水平相协调、与公共财政供给能力相适应的人口增长机制,推进农民工市民化,推动新老居民逐步融合。

在其居住证制度中,有三个重点,一是分类管理,新的居住证分为两大类三种证件,两大类指临时居住证和居住证,居住证又分普通人员类和专业人员类。对外来人口实行分类登记管理,又从劳动就业、社会保障、子女教育、维权救助等方面让新居民享受到越来越多的本地居民待遇,对领取临时居住证人员主要是加强管理、提高素质,对领取居住证人员主要是优化服务、吸引人才。

二是控制准入门槛,三种证件申报的条件各不相同。临时居住证申办条件与原来的暂住证基本相同,年满16周岁、拟在暂住地居住30天以上的新居民都需要办理;普通人员类居住证需要具备持嘉兴市临时居住证一年以上,有合法的固定住所,有合法稳定的生活来源,无治安不良记录等条件;专业人员类居住证的适用对象是具有中专、高中以上学历或者具有熟练技术和管理经验的嘉兴新居民,其审核办法最为复杂,采用积分制,规定凡满150分的方可领取。这种根据外来人口来嘉兴工作时间长短、技术能力高低和贡献程度大小等条件，设置准入门槛，可以控制进入人口数量，提高进入人口质量。

三是给予相应待遇，根据居住证类型，享受不同的优惠政策。临时居住证持有者，其7岁以下子女在居住地卫生院可享受计划免疫基础疫苗免费接种，符合计划生育政策的子女可免除义务教育阶段学杂费等。普通人员居住证持有者，符合计划生育政策的子女，义务教育阶段在公办学校就读的，减半收取借读费；符合计划生育政策及相关报考条件的子女，可报考嘉兴市所属的各高中、中等职业学校等。专业人员居住证持有者，子女在公办学校就读的免收借读费，符合相关规定条件的可申请廉租住房和经济适用房，可申购当地建设的专门面向新居民的小户型经济适用房，持证10年以上的可申请最低生活保障，持证15年以上的可根据本人意愿准予在暂住地城镇落户。

这种模式可操作性较强，并且不损害农民工原有利益，持有居住证的农民工，仍旧享有原户籍地土地承包权等各项权利，但一旦离开嘉兴，居住证上的市民待遇也就随之取消。

3.4.3 湖北农民工市民化：以公共服务均等化为主要内容的"新市民工程"

2006年12月起，湖北开始在全省实行城乡统一的户口登记制度，取消农业户口、非农业户口及其他户口类型，统称"湖北居民户口"。但原城乡人口福利待遇差别问题，没有得到实质解决，反而由于登记上的问题，引发了诸如城乡人口交通事故赔偿标准、计划生育指标发放和低保对象认定等一系列新的矛盾。

在推进"湖北居民户口"制度基础上,2008年起,湖北省开始实施"迎接新市民工程"。该工程实行准入制度,凡在县级市和地级市的建制镇有合法固定住所、相对稳定职业或合法生活来源的农民工,可直接申请加入当地城镇户口。申请加入武汉市远城区和其他地级市城区的户口,门槛有所提高。除了有合法固定住所、相对稳定职业或合法生活来源外,还应具备投靠入户、投资落户、人才落户、奖励落户、购房落户中的一条,或在城镇连续就业3年以上并与用人单位签订了2年以上的劳动合同、年收入高于当地最低工资标准。

这一工程实施后,"新市民"将纳入其所在城镇劳动者就业和社会保障的范围,使其享受与城镇居民相同的就业和社会保障政策。对于与用人单位签订劳动合同的新市民,按照规定纳入城镇职工养老、医疗、失业、工伤、生育等社会保险范围。灵活就业的新市民,则按照城镇灵活就业人员参保办法参加各项社会保险。同时,教育部门实施"融合教育",将负责落实新市民子女平等接受义务教育的权利。新市民子女将按照"就地就近"原则,其子女义务教育纳入城镇教育发展规划,列入教育经费预算。城镇公办学校对新市民子女与当地学生同等对待,不得加收任何费用。建设部门也把新市民的居住问题纳入城镇住宅建设发展规划,积极探索多方式解决新市民居住问题的途径,逐步扩大住房保障的覆盖面,将农民工纳入住房保障体系。最后,保障农民工民主权利,推动农民工参与社区选举。

3.4.4 重庆农民工市民化：渐进和突变并存的组合式制度变迁模式

2010年7月，重庆市政府通过《重庆市统筹城乡户籍制度改革意见》及《重庆市户籍制度改革配套方案》，目标在2020年将全市户籍人口的城市化率从目前的28%上升到60%至70%，这意味着有近1,000万农村人口将转为城市居民。

重庆市进行户籍改革，一方面，转为城镇户口的农民可以暂时不退地，继续保留农民的宅基地、林地和承包地，以及继续享受到附着在土地上的各项政策，如种粮直补、农机具补贴等；承包地也可以继续耕种。对于自愿退出承包地和宅基地的，可以得到相应的补偿，比如宅基地按征地补偿等。另一方面，获得了城镇居民户口所享有的养老、医疗、教育、住房、就业等社会保障。在养老方面，可参加征地农转非人员养老保险，到年龄后可领取每月至少500元养老金；在医疗方面，可自愿选择参加城镇职工基本医疗保险或城乡居民合作医疗保险，享受相应医疗保障；在住房方面，可申请公租房居住，条件成熟时，还可以登记为购买；在教育方面，转户居民子女可按照就近入学的原则就读城市学校，享受与现有城镇学生的同等待遇；在就业方面，劳动年龄段的转户居民可以享受免费技能培训和创业培训，自主创业可以享受城镇创业扶持政策，就业困难人员还可以享受"一对一"的就业帮扶，以及公益性岗位的托底安置政策。

重庆模式的主要特点是主动的突变与渐进"混合"。在先期（2010—2012年），用2年时间给338万人一步到位享有与城镇居民完全同等的就业、养老、住房、教育、医疗等待遇;在后期(2013—2020年),计划用8年时间解决不到700万人的城乡户籍转换。

3.5　2015年以来各省市户籍改革最新进展

2016年4月19日,国家发改委召开新闻发布会,介绍2016年推进新型城镇化的重点任务,其中任务之一为"扎实有序推进农民工融入城镇",具体又包括9个工作重点:

① 推动非户籍人口在城市落户;

② 拓宽落户通道,外来人口聚集地区实施更加积极、更加宽松的户口迁移政策;

③ 全面实施居住证制度;

④ 财政转移支付同农业转移人口市民化挂钩;

⑤ 财政建设资金对城市基础设施的补贴和吸纳农业转移人口落户数量挂钩;

⑥ 城市建设用地增加规模与农业转移人口落户数量挂钩;

⑦ 建立进城落户农民农村的"三权"维护和自愿有偿退出机制;

⑧ 推进城镇基本公共服务覆盖常住人口;

⑨ 实施农民工职工技能提升计划。

同时,发改委规划司司长徐林在新闻发布会介绍,目前全国有28个省市自治区出台了户籍制度改革的具体方案。按照2014年3月出台的《国家新型城镇化规划》目标,2020年常住人口城镇化率要达到60%左右,户籍人口城镇化率达到45%左右。2014年7月底,国务院发布《关于进一步推进户籍制度改革的意见》,要求"各省、自治区、直辖市人民政府要根据本意见,统筹考虑,因地制宜,抓紧出台本地区具体可操作的户籍制度改革措施,并向社会公布",随后各地的户籍制度改革意见陆续出台。目前全国已有新疆、黑龙江、河南、河北等28个省市自治区正式公布了本地区的户籍制度改革意见。如表3-7所示,26个主要省市户籍制度改革。

表3-7 主要省市户籍制度改革

省市	户口迁移政策	人口管理、土地制度与公共服务
河北	到2020年,力争实现600万城中村居民和400万农业转移人口及其他常住人口在城镇落户,全省户籍人口城镇化率达到45%。 全面放开小城市和建制镇落户限制;全面放开城区人口100万人以下的设区市区落户限制;合理确定城区人口100万人以上的设区市市区落户条件;合理确定首都周边城镇的落户条件;宽宽投靠类落户条件;放开人才落户限制;其中,首都周边城镇的人才落户条件,由廊坊市政府根据实际做出具体规定。	改革公安人口统计制度,按照城乡统一的户口登记制度,取消按户口性质划分的农业、非农业户口统计,按统计上划分城乡的规定,建立与统计部门统计口径一致的人口统计制度,户籍在城镇的统计为城镇户籍人口,户籍在其他区域的统计为农村户籍人口。 创立社区公共户口,在城镇以派出所为单位,在具有归属居委会的实体地址上,设立社区公共户口。
山西	到2020年,努力实现360万左右农业转移人口和其他常住人口在城镇落户。全面放开建制镇和中小城市落户限制,以合法稳定住所(含租赁)为依据;有序放开大城市落户限制,以合法稳定住所、合法稳定就业和参加社保的年限为依据;有效解决户口迁移中的重点问题。	建立城乡统一的户口登记制度;建立财政转移支付同农业转移人口市民化挂钩机制,切实保障农业转移人口及其他常住人口合法权益。
内蒙古	到2020年,努力实现400万左右农牧业转移人口和其他常住人口落户城镇。 全面放开城区人口100万以下的城市和建制镇落户限制;合理确定城区人口100万以上的城市落户条件;促进有能力在城镇稳定就业的人员在城镇落户;切实解决无户口人员落户问题。	建立城乡统一的户口登记制度,取消农(牧)业户口与非农(牧)业户口性质区分和由此衍生的其他户口类型,统一登记为居民户口;建立居住证制度;完善农村牧区产权制度,保障农牧业转移人口原有合法权益;逐步建立城乡统筹的社会保障体系,保障农牧业转移人口平等享受城镇基本公共服务。

65

续表

辽宁	全面放开小城市和建制镇落户限制,有序放开中等城市落户限制,合理确定大城市落户条件;严格控制特大城市人口规模,改进沈阳、大连两市现行落户政策,建立积分落户制度;放宽引进人才落户条件;放宽投资落户条件;严格控制城镇居民迁往农村。	全面建立社区集体户口制度,城镇派出所应为管辖的社区设立集体户口,在租赁房屋实际居住但无法在房屋登记地登记户口的人员,可以在社区集体户处申请登记常住户口,并与其他城镇户籍人口享有同等权利;完善信息系统建设;推进城中村居民市民化;建立健全相关制度;提升基本公共服务能力。
吉林	全面放开建制镇和小城市落户限制,有序放开中等城市落户限制,合理确定大城市落户条件;大中专和职业院校毕业生、技术和技能人才、留学回国人员等各类人才在全省各类城镇落户不受稳定住所和稳定职业等限制,凭毕(结)业证书或相关专业证书即可办理落户手续。	建立统一城乡户口登记制度;全面实施居住证制度;深化统筹城乡养老保险制度改革,加快统一城乡居民养老保险制度进程;完善以低保制度为核心的社会救助体系,推进城乡社会救助统筹发展;到2017年年底基本完成农村土地承包经营权确权登记颁证工作。
黑龙江	全面放开牡丹江市等9个城市的落户限制,合理确定大庆市、齐齐哈尔市落户条件,哈尔滨市实行"双轨制"落户政策。	建立城乡统一的户口登记制度。从2014年11月1日起,全省取消农业户口和非农业户口性质划分,统一登记为居民户口,群众可自愿到公安派出所更换居民户口簿。同时,对教育、卫生计生、养老、住房等领域现有各种与户口性质挂钩的政策进行一次全面清理,除国家明确规定的标准外,取消按户口性质设置的差别化标准,研究制定城乡统一的新标准,使现有政策逐步与户口性质脱钩。进一步建立和完善居住证制度,切实保障农业转移人口及其他常住人口合法权益。
上海	2020年,全市常住人口规模控制在2,500万以内。完善人才落户政策,以"合法稳定就业、合法稳定居住"为基本条件,以能力和贡献为导向,突出人才的市场发现、认可、评价机制,优化特殊人才引进通道,做好非上海生源应届毕业生落户和留学生落户政策的平衡衔接;统一平衡投靠落户政策;深化完善积分落户政策。	统一城乡户口登记制度,切实加强户籍规范管理和信息化建设;完善居住证和落户政策体系,稳步推进基本公共服务覆盖符合条件的常住人口。 健全实有人口登记制度,加强实有人口信息化建设。

续表

江苏	到2020年,实现城乡基本公共服务均等化全覆盖的常住人口城镇化率达到72%,户籍人口城镇化率与常住人口城镇化率差距缩小到5个百分点。 全面放开建制镇和小城市落户限制;有序放开中等城市落户限制;合理确定大城市、严格控制特大城市落户条件;有效解决户口迁移中的重点问题。	全面实行省辖市范围内本地居民户口通迁制度,积极推行积分落户制度,明确合法稳定住所、合法稳定就业范围。 建立居住证制度;建立财政转移支付同农业转移人口市民化挂钩机制,保障农业转移人口及其他常住人口合法权益。
浙江	全面放开县(市)落户限制,有序放开大中城市落户限制,合理控制特大城市(杭州)人口规模,建立完善积分落户制度,实行省内户口自由迁移。 出台有利于吸引高层次人才落户的鼓励性政策;除本人主动申请的以外,本省籍学生考入省内大中专院校不办理户口迁移,毕业后户口按规定直接迁往就业地或实际居住地。	建立城乡统一户口登记制度,取消农业户口与非农业户口性质区分由此衍生的蓝印户口等户口类型,统一登记为居民户口,并建立与之相适应的教育、卫生计生、就业、社保、住房、土地及人口统计等制度。 加快推进农村不动产确权、登记、颁证,基本建立起"三权到人(户)、权跟人(户)走"的农村集体产权制度体系,推进相关领域配套改革;扩大基本公共服务覆盖面。
安徽	到2020年,实现常住人口城镇化率达到58%。 全面放开建制镇和小城市落户限制;进一步放开中等城市落户限制;有序放开大城市落户限制;严格控制特大城市落户条件;继续落实人才落户政策;重点解决进城时间长、就业能力强、可以适应城镇产业转型升级和市场竞争环境的人员落户问题;妥善解决无户口人员落户问题。	建立城乡统一的户口登记制度,取消农业户口与非农业户口性质区分,统一登记为居民户口;落实居住证制度;扩大基本公共服务覆盖面。
福建	合理确定福州市辖区、平潭综合实验区和厦门市落户条件;福州市辖区和平潭综合实验区要以具有合法稳定职业和合法稳定住所(含租赁)、参加社会保险年限、连续居住年限等为主要指标,建立积分落户制度;全面放开其他地区落户限制;各地要结合实际,通过调整积分落户分值比重或者放宽落户条件,鼓励各类优秀人才在就业居住地落户。	建立健全以居住证为载体,与居住年限等条件相挂钩的基本公共服务提供机制,并根据经济社会发展状况,不断扩大向居住证持有人提供公共服务的范围;统筹保障基本公共服务。

续表

江西	实行差别化落户政策,针对投靠类、购房类、投资经商类、人才类、务工类分别有序放开南昌市中心城区落户限制,积极放开其他设区市中心城区落户限制;全面放开县(市)城区及建制镇落户限制;有效解决户口迁移中的重点问题。	加快办理城区农业人口转户;着力推进城镇规划区范围内失地、半失地农业人口统一登记为居民户口;按照随征随转的原则,及时将城区被征地农业人口登记为居民户口;根据各地城镇基本公共服务覆盖能力,逐步将城区其他农业人口登记为居民户口。 建立城乡统一户口登记制度;妥善解决新生儿落户问题;完善相关配套政策。
山东	县域突破:在县级市市区、县政府驻地和其他建制镇(含济南和青岛所辖县、市)范围内有合法稳定住所(含租赁)或合法稳定就业的人员,可以在当地申请登记常住户口。市域放开:设区市(不含济南、青岛)范围内的本市户籍人口,根据住所(含租赁)、稳定就业和参加社保年限,可申请登记常住户口;合理确定济南、青岛落户条件。济南、青岛两市全面放开普通高校毕业生(含往届毕业生)落户限制,不断提高职业院校、技工院校毕业生和技术工人等常住人口的城镇落户率。探索实施积分落户制度,科学制定具有合法稳定住所(含租赁)和合法稳定就业的外来人口阶梯式落户通道和差别化落户标准。	统筹推进新型城镇化建设,完善社区服务管理,切实保障农业转移人口及其他常住人口合法权益。
河南	到2020年,努力实现1,100万左右农业转移人口和其他常住人口在城镇落户,全省常住人口城镇化率达到56%。 全面放开建制镇和小城市落户限制;进一步放开中等城市落户限制;有序放开大市落户限制;合理确定省会城市落户条件;促进有能力在城镇稳定就业的人员进城落户。合理设立集体户口,方便符合条件但无个人合法房屋产权的人员进城落户。城乡一体化示范区、产业集聚区、城中村和城郊村失地农民可就地登记为城镇常住户口。其中,省会郑州,将实行积分落户:稳定的工作、住所、社保、来郑年限等都将成为分值。在郑州率先推行的居住证制度,也将覆盖全省;居住半年即可申请居住证。	完善进城落户农业转移人口原有权益处置机制,建立、完善农业转移人口市民化成本合理分担机制,切实保障进城落户农业转移人口合法权益。 建立城乡统一的户口登记制度,建立居住证制度,健全人口信息管理制度。

续表

湖北	2020年,实现全省常住人口城镇化率达到61%,"十三五"时期努力实现500万农业转移人口和其他常住人口在城镇落户。全面放开建制镇和小城市落户政策;有序放开大中城市落户限制;科学控制武汉市人口规模;积极解决长期在城镇居住生活的农民工落户问题,荣获市、州以上优秀(杰出)农民工、劳动模范等荣誉称号的人员,可根据本人意愿,在居住地申请登记常住户口,其配偶、未成年子女可投靠落户。	建立城乡统一的户口登记制度,取消农业与非农业户口性质区分和由此衍生的蓝印户口等户口类型,统一登记为居民户口;全面实行居住证制度;扩大基本公共服务覆盖面,切实保障农业转移人口及其他常住人口合法权益。
湖南	全面有序放开中等及以下城市落户限制,合理确定大城市落户条件,放宽长株潭三市间的迁移落户条件。大力促进长株潭城市群发展,逐步消除长沙、株洲、湘潭三市间的户籍差异。	建立城乡统一的户口登记制度;加强出生登记工作,摸清无户口人员底数及主要原因,分类解决无户口人员落户问题;扩大基本公共服务覆盖面。
广东	到2020年,努力实现1,300万左右的农业转移人口和其他常住人口在广东省城镇落户。全面放开建制镇和小城市落户限制;有序放开部分地级市落户限制;逐步调整珠三角部分城市(珠海、佛山、东莞、中山市)入户政策,严格控制超大城市(广州、深圳)人口规模。有效解决重点问题。要进一步放宽集体户口设置条件;放开直系亲属投靠;放宽大专以上(含大专)学历毕业生及技能人才、特殊专业人才入户条件。	建立城乡统一的户口登记制度,统一登记为广东省居民户口,实行城乡户籍"一元化"登记管理;健全居住证积分管理制度;切实保障农业转移人口及其他常住人口合法权益。
广西	到2020年,努力实现600万左右农业转移人口和其他常住人口在城镇落户。南宁、柳州市城区和桂林、玉林市城区均以合法稳定就业、合法稳定住所(含租赁)和参加城镇社会保险年限为依据,本人及其配偶、未成年子女、父母等,可以在当地申请登记常住人口。其他设区市及县级市市区、县人民政府驻地镇和其他建制镇只要求合法稳定住所(含租赁)的人员。有效解决户口迁移中的重点问题。	实行城乡统一的户口登记管理制度,统称居民户口。依据统计部门确定的城乡标识,将常住户口登记在城镇范围的人员,统计为城镇人口;将常住户口登记在乡村范围的人员,统计为农村人口。全面实行居住证政策;建立完善户籍制度改革的相关配套制度。

续表

海南	到2020年,努力实现80万左右农业转移人口和其他常住人口在城镇落户。 全面放开建制镇和小城市落户限制;合理确定海口市、三亚市的落户条件。实行省外来琼务工经商人员积分落户制度,落户分值为基础分+奖励分-扣减分≥80分。同时,实行一票否决指标。	建立城乡统一的户口登记制度,在全省范围内取消农业户口与非农业户口性质区分,统一登记为居民户口;继续推行流动人口居住证制度;切实保障农业转移人口及其他常住人口合法权益。
重庆	到2020年,全市常住人口城镇化率达到65%以上,户籍人口城镇化率达到50%左右。 调整优化都市功能核心区与都市功能拓展区落户条件;有序放开城市发展新区城区落户限制;积极推动渝东北生态涵养发展区和渝东南生态保护发展区人口梯度转移;放开小城镇落户限制,稳妥有序推进市外来渝人员落户。鼓励劳动年龄阶段具有初级以上专业技术职称、取得国家职业资格、具有国民教育专科及以上学历的市外来渝人员落户。	实行城乡统一户口登记制度,逐步取消与户口性质挂钩的政策标准设置,清理完善教育、卫生计生、就业、社保、住房、土地及人口统计等政策,逐步建立城乡统一的社会保障和公共服务制度体系;实行居住证制度;完善城镇人口承载功能,推动产业人口集聚;扩大基本公共服务覆盖面,建立人口转移与财政转移支付和建设用地协同发展机制。
四川	除成都外,省内城市落户全面放开;成都将制定统一的居住证积分入户标准,外地来蓉人员在取得居住证后,达到积分入户标准的可申请办理常住户口登记。	建立城乡统一的户口登记制度,建立与之相适应的教育、卫生计生、就业、社会保障、住房、土地及人口统计制度。 切实保障农业转移人口及其他常住人口合法权益。
贵州	到2020年,努力促进300万农业转移人口和其他常住人口落户城镇。 全面放开中、小城市和建制镇落户限制,合理确定大城市落户条件,以稳定就业、合法稳定住所(含租赁)和参加城镇社会保险年限为落户依据。 合法稳定就业创业的高校毕业生、技术工人、职业院校毕业生、技工院校毕业生、留学回国人员及符合高层次人才引进规定条件的人员,可以在当地申请登记常住户口。	取消农业户口和非农业户口性质区分,统一登记为居民户口。从2015年6月1日起,在"户别"栏不再登记农业或非农业,统一登记为家庭户或集体户。 健全完善居住证制度;简化户口迁移办理程序,实行户口迁移"一站式"服务;积极推进行政区划调整。 保障农业转移人口原有合法权益,为农业转移人口提供城镇基本公共服务。

续表

云南	到2020年,户籍人口城镇化率达到38%左右,常住人口城镇化率达到50%左右。全面放开建制镇和小城市落户限制;有序放开中等城市落户限制;合理确定昆明市主城区人口规模;对绿春县、彝良县、东川区等生态脆弱敏感、资源环境承载力不足的城市,以及因其他客观原因暂不具备全面放开落户限制的城市,有效控制其落户限制;放宽城镇租赁性质的合法稳定住所落户条件,实行来去自由的返农村原籍地落户政策;放宽城镇(除昆明市主城区外)直系亲属投靠落户条件;放宽大中专(技校)学生落户条件;放宽现役军人家属投靠落户条件;把城中村、城市周边地区、工业园区、大型工矿企业所在地和经济社会发展水平相对较高的地区作为重点地域,把在城镇有合法稳定住所且原户籍地在农村的农民工、大中专学生、退役士兵和失地农民作为重点群体,有效解决户口迁移中的重点问题。	完善城乡统一的户口登记制度,建立与统一城乡户口登记制度相适应的教育、卫生计生、就业、社保、住房、土地及人口统计制度;切实解决户口遗留问题,推进新形势下农业转移人口市民化工作,切实保障农业转移人口及其他常住人口合法权益。
陕西	到2020年,实现累计1,000万农业转移人口和其他常住人口在城镇落户,全省镇化水平达到62%。全面放开建制镇和小城市落户限制;放宽市辖区落户条件;改革西安市市辖区落户政策。在陕西省市辖区(西安市市辖区除外),符合下列条件之一的人员,本人及其家庭成员可在当地申请常住户口:①有合法产权住所;②有合法稳定住所(含租赁、租借、寄住)并连续居住1年以上;③有合法稳定就业并缴纳城镇企业职工基本养老保险。	统一城乡户口登记制度,西安市在2015年6月底以前取消农业户口与非农业户口性质区分,户口统一登记为居民户口,实现全省城乡统一户口登记的目标;完善居住证制度;统筹推进新型城镇化建设,完善社区服务管理;切实保障农业转移人口及其他常住人口合法权益。
青海	到2020年,努力实现40万左右农牧业转移人口和其他常住人口在城镇落户,全省户籍人口城镇化率达到50%以上。进一步放开西宁市落户限制;全面放开建制镇和小城市落户限制;全面放宽大中专院校毕业生落户限制;全面放宽引进人才落户限制。	建立城乡统一的户口登记制度;完善进城落户农牧业转移人口原有权益保障处置机制;建立成本分担机制,明确各级政府职责,完善财政转移支付制度,完善进城落户农牧业转移人口市民化成本合理分担机制。

续表

新疆	全面放开县级市市区、县级人民政府驻地镇和其他建制镇的落户限制;放宽租赁房屋(含实际居住地)落户政策;南疆实行更加宽松的落户政策;控制乌鲁木齐市和适度控制克拉玛依市的人口规模。	建立城乡统一的户口登记制度,建立与之相适应的教育、卫生、计生、就业、社保、住房、土地(草场、林地)及人口统计等制度;解决无户籍人员落户并建立长效机制;实行流动人口服务管理便民联系卡制度。

注:依据各省市2014年3月以后出台的最新户籍制度改革的实施意见整理。其中,北京和天津并未出台相关户籍制度改革实施意见,均发布居住证管理办法和居住积分管理办法的暂行方案或征求意见版。2015年12月,北京市政府法制办就积分落户管理办法和居住证管理办法两个征求意见稿,在网上公开向社会征求意见。北京市积分落户政策,以科技贡献、专业技能、在京时间等指标为考核项,计算非京籍人才的"积分",积分达标即可落户北京。

从表3-7可以看出,河北、山西、内蒙古、上海、江苏等16个省市自治区公布到2020年实现农业转移人口或其他常住人口落户具体量化指标。比如,广东提出"到2020年努力实现1,300万左右的农业转移人口和其他常住人口在广东城镇落户";内蒙古则提出"到2020年努力实现400万左右农牧业转移人口和其他常住人口落户城镇"。此外,少数省份还提出了户籍人口城镇化率的目标。其中,重庆提出"到2020年,全市常住人口城镇化率达到65%以上,户籍人口城镇化率达到50%左右";河北提出"到2020年,全省户籍人口城镇化率达到45%";青海提出"到2020年,全省户籍人口城镇化率达到50%以上";江苏则提出"户籍人口城镇化率与常住人口城镇化率差距缩小到5个百分点"。

所有省份均按照国家版的户籍改革意见,全面放开建制镇和小城市落户限制,有序放开中等城市落户限制,合理确定大城市落户条件,严格控制特大城市人口规模。并且,绝大部分省份均要求有效解决户口迁移中的重点问题,其中包括:重点解决进城时间长、就业能力强、可以适应城镇产业转型升级和市场竞争环境的人员落户问题,不断提高高校毕业生、技术工人、职业院校毕业生、留学回国人员等常住人口的城镇落户率。对于中小城市尤其是大城市,各地普遍提出了建立、完善积分落户制度,大多以具有合法稳定职业、合法稳定住所(含租赁)、参加社会保险年限、连续居住年限等为主要指标。

上述意见均明确提出取消农业户口和非农业户口性质区分,建立统一城乡户口登记制度,并建立与城乡统一的户籍登记制度相适应的教育、卫生、计生、就业、社保、住房、土地(草场、林地)及人口统计等制度。部分省份如黑龙江明确提出消除依附在户口性质上的如医疗、就业、住房保障等方面的差别待遇,真正实现城镇基本公共服务的全覆盖和均等化。此外,各个省市自治区均涉及建立、落实或完善居住证制度,并以居住证为载体,建立健全与居住年限等条件相挂钩的基本公共服务提供机制,居住证持有人享有与当地户籍人口同等的劳动就业、基本公共教育、基本医疗卫生服务、计划生育服务、公共文化服务、证照办理服务等权利,但是对于随迁子女参加中高考、住房保障、养老服务等更为核心的权利,各地的方案则普遍定调为"逐步享有",且需与居住年限、社保年限等条件挂钩。其中,新疆提出"居住证持有人连续居住满两年和参加社会保险满两年,逐步享有与当地户籍人口同等的职业教育补贴、就业扶持、住房保障、养老服务、社会福利、社会救助等权利;随行子女在当地连续就学满4年以上、父母参加社会保险满3年为基本条件,逐步享有随行子女在当地参加中考和高考的资格"。

同时,为保障农业转移人口合法权益,大多省份自治区均明确提出"现阶段,不得以退出土地承包经营权、宅基地使用权、集体收益分配权作为农民进城落户的条件"。

3.6 北京农民工市民化政策导向

北京市政府为深入贯彻落实《国务院关于进一步做好为农民工服务工作的意见》(国发〔2014〕40号),进一步做好新形势下为农民工服务工作,切实解决农民工面临的突出问题,结合本市实际,于2016年7月,提出了《北京市人民政府关于进一步做好为农民工服务工作的实施意见》(京政发〔2016〕27号)。该实施意见政策方向和内容与国务院的意见基本相似,但也有些许不同之处。部分是由于北京市与国家行政级别不同,不属于其权责范围;部分则体现出北京市的特殊情况。

北京市与国家方面政策的不同点主要在农民工逐步实现平等享受城镇基本公共服务和在城镇落户上。除保障农民工随迁子女平等接受教育的权利,加强农民工医疗卫生和计划生育服务工作,改善农民工居住条件之外,国家还要求通过居住证制度或者引导农民工落户等制度逐步推动农民工平等享受城镇基本公共服务,并且要求有关部门逐步按照常住人口配置基本公共服务资源,明确农民工及其随迁家属可以享受的基本公共服务项目,并不断提高综合承载能力、扩大项目范围。北京市政府并未提出类似意见。

进一步分析北京市针对农业转移人口的户籍政策,由于《国务院关于进一步推进户籍制度改革的意见》(国发〔2014〕25号)中指出,500万人口以上特大城市的人口规模应严格控制,建立完善的积分落户制度。这些具体的制度需要视各个城市的情况而定。《北京市积分落户管理办法(试行)》已经发布,积分考核指标主要包括九个项目指标：合法稳定就业指标，合法稳定住所指标，教育背景指标，职住区域指标，创新创业指标，纳税指标，年龄指标，荣誉表彰指标，守法记录指标。这些指标里可提供较大分值的为教育背景指标，其中大学专科（含高职）10.5分，大学本科学历并取得学士学位15分，研究生学历并取得硕士学位26分，研究生学历并取得博士学位37分；年龄指标，申请人年龄不超过45周岁的，加20分。教育背景来说，2015年农民工学历达到大专及以上的为全体农民工的8.3%，可见能在北京获取教育加分的农民工人数甚微。而2015年农民工平均年龄达到38.6岁，离45岁的线也比较接近，在积分落户中，农民工年龄也是劣势。因此农民工若按照积分落户制度申请落户，劣势明显。

同时申请积分落户有四个前提条件，首要的是持有北京市居住证。《北京市实施〈居住证暂行条例〉办法》（北京市人民政府令第270号）于2016年10月1日开始施行，可申领居住证的人需满足两个条件：在京居住6个月以上的；符合在京有合法稳定就业、合法稳定住所、连续就读条件之一的。需要提供的证明材料为：居住时间证明包括来京人员的暂住登记信息、尚在有效期内的《暂住证》等能够证明居住时间的材料；就业证明包括工商营业执照、劳动合同、用人单位出具的劳动关系证明或者其他能够证明有合法稳定就业的材料等；住所证明包括房屋租赁合同和房屋产权证明文件、购房合同，或者房屋出租人、用人单位、就读学校出具的住宿证明等；就读证明包括学生证，就读学校、科研机构出具的其他能够证明连续就读的材料等。这些条件对于部分农民工较为苛刻，因为并非所有用工单位都与农民工签订劳动合同；他们的居所也很多在棚户区等破旧房屋，没有签订住房合同。并且居住证是享受常住人口基本公共服务的前提,但在《北京市人民政府关于进一步做好为农民工服务工作的实施意见》中并未提及要求农民工办理居住证,仅提到扩大农民工参加城镇职工社会保险覆盖面,居住证是否在此成为一个隐含条件。

总之北京将积极应对农业转移人员来京就业,为其就业提供引导、帮助等服务,规范用工管理,扩大城镇职工保险范围,保障工资权益,保障其子女接受义务教育的权利,改善其居住条件等。但并不明确支持来京人员落户,对享受城镇基本公共服务方面也显得支持力度不足。

第4章 1亿农业转移人口的市民化成本到底是多少？

户籍人口城镇化滞后于常住人口城镇化、农民工身份非农化滞后于职业非农化是我国城镇化发展面临的突出问题。在现行城乡二元户籍制度下，尽管农民工已成为我国产业工人的主体，但农民工市民化进程相对缓慢，被统计为城镇人口的 2.34 亿农民工及其随迁家属，未能在教育、就业、医疗、养老、保障性住房等方面享受城镇居民的基本公共服务。根据《国家新型城镇化规划（2014—2020 年）》的要求，到 2020 年完成 1 亿农业转移人口市民化的任务。那么，1 亿农业转移人口的市民化成本到底是多少？它是摆在各级政府面前的首要问题，也是制定各项农民工市民化政策的基础。

4.1 文献综述

基于国情不同，国外较少涉及农民工市民化问题的研究。国内对该问题进行了较为丰富、全面的研究，主要集中在农民工市民化的必要性和重要意义、面临的问题及其成因和路径选择等方面，而对农民工市民化成本的测算或定量研究相对较少。但市民化成本的定量分析是推进农民工市民化有序进行的重要现实依据。

1亿农业转移人口的市民化成本到底是多少？本节将从农民工市民化成本的内涵研究、具体内容和测算结果三个方面对现有文献进行简单梳理。

4.1.1 农民工市民化成本的内涵研究

对农民工市民化成本的内涵界定，学术界目前并没有达成统一认识。比如，曹兵等对农民工市民化成本进行了广义和狭义的界定，前者"从农民到市民"，包括农民退出农村、进入城市和融入城市的全部费用；而后者仅指"从农民工到市民"，为农民工融入城市成为真正意义上的市民所发生的费用，并认为市民化成本是狭义的而不是广义的。

大部分学者不考虑农民工市民化的私人成本，仅从公共成本的视角分析并测算农民工市民化成本，即狭义的理解聚焦于公共服务共享，农民工市民化是农民工一系列权力保障和公共服务享受的过程（张国胜，2009），其中城乡户籍制度阻碍了农民工在城镇共享公共服务。实际上，农民工变市民，户口的转换是形，服务的分享是实，农民工市民化是以农民工整体融入城市公共服务体系为核心，推动农民工"个人融入企业，子女融入学校，家庭融入社区"（国务院发展研究中心课题组，2011）。比如，魏澄荣、陆成林等认为，农民工市民化的成本就是让农民工享有与本地居民相同的各项权利和公共服务所需要付出的公共成本。黄锟除了从公共成本角度，对公共投资、社会保障和社会福利等进行测算外，还提出一般性成本和制度性成本的独特区分，前者指市民化后由生活方式、消费方式转变所发生的费用，后者却是制度障碍如城乡二元制度而引起的费用支出。

从广义的理解来看,农民工市民化是指农民工职业转化、地域转移、身份转变与农民工行为方式转变和新市民价值观形成等"多位一体"目标的实现过程(王竹林,2009),它包括四个层面的含义:一是职业由次属的、非正规劳动力市场上的农民工,转变成首属的、正规的劳动力市场上的非农产业工人;二是社会身份由农民转变成市民;三是农民工自身素质的进一步提高和市民化;四是农民工意识形态、生活方式和行为方式的城市化(刘传江,2006)。不少学者从广义的社会成本(包括公共成本和私人成本)角度测算农民工市民化的成本。张国胜认为,农民工市民化的成本是指农民工在社会经济适应、公共服务(产品)享受、基本权利保护、社会文化融入等方面转变为市民而必须投入的最低资金量。杜宇认为,农民工市民化社会成本为由政府提供、农民工可以且必须购买的最低公共服务的货币成本与农民工在城市自由生活所产生的成本之和。单菁菁认为,农民工市民化的成本主要是指由政府、企业和个人为农民工在城镇定居生活并获得相应社会保障和公共服务等所进行的各种经济投入。

本文的研究着眼于对农业转移人口市民化的狭义理解。

4.1.2 农民工市民化成本的具体内容

农民工市民化成本是使农民工在身份、地位、价值观、社会权利以及生产、生活方式等方面全面向城市市民化转化并顺利融入城市社会所必须投入的最低资金量(张国胜,2009)。具体而言,农民工市民化成本包括因为城镇人口增加而导致的公共投资(主要用于城镇基础设施、义务教育和公用事业)的增加,以及政府需要承担的新增市民的社会保障(养老保险、医疗保险、失业保险、最低生活保障等)和社会福利(就业培训、住房公积金、水电补贴等)的支出(黄锟,2011)。大部分学者认为农民工市民化成本包括个人成本与社会成本两部分(张国胜,2009;周小刚,2010;中科院可持续发展研究组,2005),部分学者聚焦于政府支付的社会成本(国务院发展研究中心课题组,2011;申兵,2012),也有个别学者从全生命周期的角度测算了农民工市民化的个人生活成本(周晓津,2011)。目前,代表性的有三个方案。

一是张国胜,基于人口城市化的成本模型,认为农民工市民化的社会成本既包括农民工向市民转换所必须付出的私人生活成本、智力成本、住房成本和社会保障成本,也包括公共发展成本。

二是国务院发展研究中心课题小组,主要基于公共成本视角,认为农民工市民化成本主要包括农民工随迁子女教育成本、医疗保障成本、城市管理费用、保障性住房支出和民政部门的其他社会保障支出等。

三是中国社科院的《中国城市发展报告2013》,将农民工市民化成本划分为政府成本、个人成本和企业成本,但实际只测算了政府成本和个人成本,前者包括城镇建设维护成本、公共服务管理成本、社会保障成本、随迁子女义务教育成本和保障性住房成本等,后者包括生活成本、住房成本和社会保障的个人支出。

4.1.3 农民工市民化成本的测算结果

目前国内关于农民工市民化成本测算的文献十余篇,基于对农民工市民化与农民工市民化成本的不同认识得到了不同的测算结果,各个测算结果在对象城市、成本类型、成本结构等方面也存在较大差异。从测算对象来看,以全国和各省市为研究对象的均有,但测算北京市农民工市民化成本较少;从结果上看,从4,024.77元到35.25万元不等。其中,主要代表性成本测算结果如表4-1所示,这里,测算对象主要选择全国层面和主要特大城市。

但已有的测算研究存在以下缺陷:一是没有完全把政府支出的公共成本与企业支出的市场成本、个人支出的私人成本分开,如申兵测算的农民工市民化成本包括了政府与企业的支出,张国胜、陈广桂、周小刚、中科院可持续发展研究组等测算的农民工市民化成本涵盖了政府与个人的支出。二是没有完全把政府已经支出的成本与尚需支出的成本分开,如重庆市发改委测算的公共成本人均3.4万元中包括了1.5万元的城市建设管理,即城市新增水、电、路、气等基础设施建设以及城市管理费用,实际上农民工已经进入城市,已享受相应的城镇基础设施与公共管理服务,这一部分已支出的成本不应该纳入农民工市民化成本。三是没有完全把一次性的当期成本与持续性的远期成本分开,如国务院发展研究中心测算的市民化成本(约8万元)中占比最高的基本养老保险费用属于远期支出,把当期成本与远期成本加总在一起无法反映各年份的市民化成本情况。另外,在农民工市民化成本中,有些属于一次性成本,如新建校舍投入等,有些属于持续性投入,如社会保险缴费补贴、生均教育事业费等。

上述缺陷对于制定农民工市民化政策产生如下几个影响,一是夸大了农业转移人口市民化的公共支出及其相应的财政压力,使各级政府、部门在推动农业转移人口市民化上产生畏难情绪,二是混淆了政府、企业、个人对市民化成本的合理分摊,不利于确定利益相关主体的权责边界,三是忽视了市民化公共成本的时序分摊与财政能力的综合考虑,不利于根据财政能力对公共支出做时序平滑。

表4-1 单个农民工市民化的成本测算

测算来源	测算对象	测算结果
张国胜	农民工市民化（全国层面）	东部沿海地区第一代农民工与第二代农民工市民化的社会成本分别为97,792元与86,319元,内陆地区的第一代农民工与第二代市民化的社会成本分别为57,137元与49,721元。
《2009中国城市发展报告》	农民工市民化（全国层面）	农民工市民化的总社会成本约为9.8万元/人,包括7.35万元的"个人生存成本"和2.47万元的"个人发展成本"。
国务院发展研究中心课题组	农民工市民化（全国层面）	农民工市民化需要政府支出的人均公共成本约为8万元。
中国发展研究基金会	农民工市民化（全国层面）	农民工市民化的人均公共成本约为13万元。
丁萌萌、徐滇庆	农民工市民化（全国层面）	政府当期支付的农民工市民化的人均公共成本仅为4,024.77元。
单菁菁	农民工市民化（全国层面）	全国平均、东部、中部和西部的个人总成本分别为10.1万元+1.8万元/年、12.6万元+2.0万元/年、8.4万元+1.5万元/年和9.1万元+1.6万元/年。
石忆邵、王樱晓	农民工市民化（上海）	上海市政府承担农民工市民化的人均总成本为352,569元。
彭军、阮荣平等	农民工市民化（北京）	如果将北京农民工市民化,社会养老保险人均支出由最初的2,764元,逐步降低为稳定状态的691元。

资料来源:本表由作者整理。

综上所述,目前学术界对农民工市民化成本的测算处于探索阶段,测算对象涵盖全国、东中西三大地区和各个省市,但缺乏公认的指标体系和测算方法。而对于北京市农民工市民化问题的研究,多以定性研究为主,成本测算的定量研究更少。

4.2　1亿农业转移人口市民化的公共服务成本测算

根据《国家新型城镇化规划(2014—2020年)》的要求,稳步推进义务教育、就业服务、基本养老、基本医疗卫生、保障性住房等城镇基本公共服务覆盖全部常住人口。因此,农业转移人口市民化的公共成本主要包括农业转移人口平等共享城镇义务教育、养老保险、医疗保险、住房保障、技能培训等五个方面的财政支出。

农民工市民化公共服务成本测算有如下几个说明。

① 由于农民工实际上已经在城市里生活,已享受相应的城镇基础设施与公共管理服务。因此,从客观实际出发,仅考虑市民化过程中新增的政府支出部分,而不应将城市建设费用和公共管理费用计算在内,从而避免夸大农业转移人口市民化的公共支出及其相应的财政压力,使各级政府、部门在推动农业转移人口市民化上产生畏难情绪。

② 公共服务成本是中央政府、各级地方政府在农民工市民化中分担的基本公共服务财政支出之和,包括一次性的财政支出以及需要每年都承担的财政支出。

③ 农民工市民化的总规模为1亿人,是在本乡镇地域以外从业6个月以上的农村劳动力,每年的市民化规模均约为1,428万外出农民工。

④ 假设从2014到2020年,国民经济保持中高速增长,年均GDP增长速度为7%,财政收入增长速度为10%。

(1)义务教育成本

83

义务教育成本包括农民工子女在输入地平等接受义务教育所新增的生均教育事业费、新建城镇中小学学校需要的各级财政投入。为了避免重复计算,新增生均教育事业费为输入地城镇生均教育事业经费与输出地农村生均教育事业费之差。

1)义务教育覆盖规模

根据《2012年教育事业发展统计报告》的农民工子女就学情况,2012年进城务工人员子女处于小学阶段的有2,553万人,处于初中阶段的有1,112万人,处于义务教育阶段的共计有3,665万人,如表4-2所示。

按照婚姻法对婚育年龄的规定,31—40岁阶段农民工的子女正好处于义务教育阶段。根据《2012年全国农民工监测调查报告》中农民工的年龄阶段,假设16—40岁农民工在各年龄段上呈近似的均匀分布,按照仿真模拟可知,处于义务教育阶段的农民工子女数量在较长时期内保持稳定,到2035年原有农民工的子女均已完成义务教育。

假设优先在进城务工人员中实现1亿农民工市民化,根据《2012年全国农民工监测调查报告》,亟待市民化的农民工占外出农民工的比例大概为60%。据此推算,到2020年,1亿亟待市民化的农民工中大约有1,563万子女需要安排在城镇接受小学教育,有680万子女需要在城镇接受初中教育,总共有2,243万农民工子女需要在城镇接受义务教育。按照1亿农民工的市民化推进进度,从2014年到2020年,每年需安排约320万农民工子女在城镇接受义务教育,其中223万就读城镇小学,97万就读城镇中学。

另外,根据国务院农民工工作领导小组办公室公布的数据,教育部指导各地将农民工随迁子女义务教育纳入当地教育发展规划和财政保障,2013年实现了全国义务教育阶段农民工随迁子女中80%以上在输入地公办学校就读的目标。

表4-2 农民工子女接受义务教育情况

就学状态	1.6亿外出农民工子女接受义务教育情况			1亿市民化农民工子女接受义务教育情况			1,428万市民化农民工子女接受义务教育情况		
	小学	初中	小结	小学	初中	小结	小学	初中	小结
随迁	1,036	358	1,394	634	219	853	91	31	122
留守	1,518	753	2,271	929	461	1,390	133	66	199
小结	2,553	1,112	3,665	1,563	680	2,243	223	97	320

注:根据《2012年全国农民工监测调查报告》与《2012年教育事业发展统计报告》推算。

2) 新增教育事业费

以前的研究着眼于输入地,主要考虑安排一个农民工子女在城镇接受义务教育给当地政府带来的财政支出。实际上,从财政支出总体而言,安排一个农民工子女在城镇接受义务教育虽然增加了输入地的财政支出,但相应节省了输出地的财政支出,二者之间的差额即农民工子女在城镇接受义务教育需要的新增教育事业费。

输出地的生均教育事业经费采用全国平均的生均教育事业费。输入地生均教育事业费采用广东、江苏、浙江、山东、北京、上海等6省市的生均教育经费平均值。理由在于根据2012年农民工监测报告,广东、江苏、浙江、山东、北京、上海等地是主要的农民工输入地,具有代表性。按照这个方法,安排一个农民工子女在城镇就读公办小学的新增教育经费为5,509元,安排一个农民工子女在城镇就读公办初中的新增教育经费是7,255元。按照《教育法》"三个增长"的要求,假设各地教育投入略高于财政收入的增长速度,其增长率为

12%,各年度的生均新增教育事业费将按年均12%增长。

实现1亿农民工市民化,既需要安排1,390万留守子女进城接受义务教育,也需要为大约20%的随迁子女在输入地民办学校接受义务教育提供财政保障,如上海、浙江等地尝试由政府向民办学校购买学额。据测算,如表4-2所示,实现1亿农民工市民化,需要的新增教育事业费从2014年的202亿元提升到2020年的2,792亿元,共计9,069亿元,其中小学阶段教育事业费累计5,392亿元,初中阶段3,675亿元。根据对农民工中小学生子女数量的仿真模拟,从2021年到2035年,1亿农民工市民化所需要支出的教育事业费年均为3,424亿元,共计51,360亿元。综上所述,实现1亿农民工市民化需要支出新增教育事业费总额为60,428万元,人均约6万元,从2014到2035年均支出2,878亿元,如表4-3所示。

表4-3 实现1亿农民工市民化的新增教育事业费

年份	小学阶段农民工子女(万人)			小学阶段教育事业费(亿元)	初中阶段农民工子女(万人)			初中阶段教育事业费(亿元)	中小学生教育事业费(亿元)
	随迁	留守	小计		随迁	留守	小计		
2014	18.2	133	151.2	120	6.2	66	72.2	82	202
2015	36.4	266	302.4	269	12.4	132	144.4	183	453
2016	54.6	399	453.6	452	18.6	198	216.6	308	760
2017	72.8	532	604.8	675	24.8	264	288.8	460	1,135
2018	91	665	756	945	31	330	361	644	1,590
2019	109.2	798	907.2	1271	37.2	396	433.2	866	2,137
2020	127.4	931	1,058.4	1,660	43.4	462	505.4	1,132	2,792
小计				5,392				3,675	9,069

注:教育事业费是在义务教育阶段需要每年支出的费用;农民工随迁子女中只有大约80%进入输入地公办学校,还有将近20%进入民办学校接受义务教育。

3）新建校舍建设费

根据《城市普通中小学校校舍建设标准》的要求，假设1个标准化的中小学学校拥有24个班，每个班45人，则一个标准化学校可以容纳1,080人。由于随迁子女已在输入地接受义务教育，不需要为他们新建中小学学校，新建校舍主要满足留守子女进入输入地的义务教育需求。因此，为解决农民工的1,390万留守子女进入流入地接受义务教育，亟待新建12,898所中小学，平均每年新建1,842所中小学。

参照申兵（2012）的研究，假设新建一个标准化中小学需要投入6,000万元，可以进一步测算出满足1亿农民工的子女接受城镇义务教育所需要的新建中小学校舍费用，总共为7,739亿元，每年1,106亿元。

根据《规划》的目标，实现1亿农民工市民化需要的义务教育总成本为16,808亿元，年均成本为2,401亿元，年度义务教育成本呈快速增加态势，从2014年的1,308亿元提升到2020年的3,898亿元，如表4-4所示。

表4-4 实现1亿农民工市民化的义务教育成本（单位：亿元）

年份	教育事业费	新建校舍费	两项费用加总
2014	202	1,106	1,308
2015	453	1,106	1,559
2016	760	1,106	1,866
2017	1,135	1,106	2,241
2018	1,590	1,106	2,696
2019	2,137	1,106	3,243
2020	2,792	1,106	3,898
总成本	9,069	7,739	16,808
年均成本	1,296	1,106	2,401

(2)社会保险成本

社会保险成本是指农民工享受城镇基本养老保险与城镇基本医疗保险需要的各级财政支出。按照目前城镇职工养老保险与医疗保险的规定，农民工参保城镇职工养老保险与医疗保险主要由企业与农民工个人承担。从农民工来看，2012年外出农民工人均月收入2,290元，扣除生活成本月均结余1,557元，按城镇职工标准缴纳养老保险与医疗保险的话，需要支出的费用就占其工资额的10%；从用工企业来看，在原材料、劳动力、资金等投入成本上涨以及国内外市场需求乏力的情况下，企业利润率普遍较低，据统计，2011年中小企业整体利润率不足3%，按城镇职工标准为农民工缴纳养老保险与医疗保险的话，需要新增占工资总额34%的成本。因此，根据《国务院关于完善企业职工基本养老保险制度的决定》等政策文件，需要帮助困难人群参保缴费，考虑农民工、用工企业的实际情况调整其缴费标准、设立缴费分档、建立缴费补贴。

在具体操作上，可探索参照城镇居民养老保险、医疗保险的办法对低收入农民工予以缴费补助。因此，本文的养老保险成本是参照城镇居民社会养老保险的缴费补贴与基本养老金标准，由中央和地方政府对农民工享受城镇基本养老保险予以财政补助。根据《国务院关于开展城镇居民社会养老保险试点的指导意见》，对养老保险的缴费补贴标准为不低于每人每年30元，由财政支出的基本养老金为每月55元，按照基本养老金15年的一般支付期限，人均基本养老金支出共计为9,900元，假设由中央政府一次性注入养老保险账户。据此测算，实现1亿农民工市民化的养老保险成本共计为10,020亿元，年均1,431亿元。

同理，本文的医疗保险成本是参照城镇居民医疗保险的缴费补贴标准,由中央和地方政府对农民工享受城镇基本医疗保险予以财政补助。根据北京、上海、广东、江苏、浙江、山东等地城镇居民基本医疗保险筹资标准与财政补贴情况,各级地方政府对居民医疗保险的财政补贴大约为每人每年400元。据此测算,实现1亿农民工市民化的医疗保险成本总计为1,600亿元,年均229亿元,如表4-5所示。

总之,实现1亿农民工市民化需要社会保险总成本为11,620亿元,其中养老保险成本10,020亿元,医疗保险成本1,600亿元,社会保险年均成本为1,660亿元。

表4-5 实现1亿农民工市民化的社会保险成本(单位:亿元)

年份	养老保险成本	医疗保险成本	两项成本加总
2014	1,419	57	1,476
2015	1,423	114	1,537
2016	1,427	171	1,598
2017	1,431	229	1,660
2018	1,436	286	1,722
2019	1,440	343	1,783
2020	1,444	400	1,844
总成本	10,020	1,600	11,620
平均成本	1,431	229	1,660

(3)住房保障成本

住房保障成本是各级政府为中低收入农民工建设廉租房的财政支出。根据国家基本公共服务体系"十二五"规划的要求,享有实物配租的城镇低收入住房困难家庭,人均住房建筑面积13平方米左右,而廉租房建设成本一般而言每平方米为3,000元左右,则人均住房保障成本约为4万元。根据《国家新型城镇化规划（2014—2020年）》的目标,到2020年城镇常住人口保障性住房覆盖率为23%,那么实现1亿农民工市民化则需要为2,300万农民工提供保障性住房,年均解决约330万人的安居需求。据此测算,实现1亿农民工市民化需要住房保障总成本9,200亿元,每年约1,314亿元。

(4)技能培训成本

技能培训成本是各级政府为农民工免费提供职业技能培训的财政支出,包括人力资源和社会保障部"农村劳动力技能就业计划"、农业部"阳光工程"、国务院扶贫办"雨露计划"等项目支出,地方政府也对农民工技能培训予以资金配套。根据《广东省省级农村劳动力培训转移就业专项补助资金管理暂行办法》,广东省按每人1,400元的补助标准对培训项目实行补助;根据《安徽省农民工技能培训补助资金使用管理暂行办法》,对A类技能培训予以800元/人的补贴标准;甘肃从2007年实施"两后生"培训计划,对农村贫困家庭青年进行中长期技能培训,"两后生"补助标准为第一年1,500元、第二年1,000元。

根据各地农民工技能培训实践,未来一段时间为农民工提供免费技能培训的财政补助大约为1,500元/人。根据2012年农民工监测报告,接受非农职业技能培训的农民工比例为25.6%,又按照《国家新型城镇化规划（2014—2020年）》对城镇失业人员、农民工、新成长劳动力免费提供基本职业技能培训覆盖率大于95%的要求,到2020年需要安排农民工免费接受基本职业技能培训的比例至少为69.4%。

根据《国家新型城镇化规划（2014—2020年）》的要求,到2020年实现1亿农民工市民化需要安排6,940万农民工免费接受基本职业技能培训,相应的总成本为 1,041 亿元,每年约 148 亿元。

(5)1 亿农业转移人口市民化的公共服务成本

通过对上述义务教育成本、社会保险成本、住房保障成本、技能培训成本逐一加总得到农民工市民化的总成本。

根据《国家新型城镇化规划(2014—2020 年)》的目标,实现 1 亿农民工市民化的总成本为 46,501 亿元,年均 6,642 亿元。

在农民工市民化总成本中,义务教育成本约占 53%,社会保障成本约占 25%,住房保障成本约占 20%,技能培训成本约占 2%,如表 4-6 所示。每个农民工市民化成本约 4.65 万元,其中义务教育成本 2.464 万元,社会保障成本 1.162 万元,住房保障成本 0.92 万元,技能培训成本 0.1041 万元,属于一次性支付的成本为 2.263 万元,占 48.7%。

从财政支撑能力看,从 2014 年到 2020 年,年度农民工市民化成本占财政收入的比重相对平稳,总体为 3.46%,具备有序推进 1 亿农民工市民化的财政能力。

表 4-6 实现 1 亿农民工市民化的总成本(单位:亿元)

年份	义务教育	社会保险	住房保障	技能培训	总成本	占财政收入比
2014	2,043	1,476	1,314	148	4,981	3.51%
2015	2,381	1,537	1,314	148	5,380	3.45%
2016	2,797	1,598	1,314	148	5,857	3.41%
2017	3,304	1,660	1,314	148	6,426	3.40%
2018	3,917	1,722	1,314	148	7,101	3.42%
2019	4,656	1,783	1,314	148	7,901	3.46%
2020	5,541	1,844	1,314	148	8,847	3.52%
合计	24,640	11,620	9,200	1,041	46,501	3.46%
年均值	3,520	1,660	1,314	148	6,642	3.46%

4.3 基于公共服务成本视角的农民工市民化政策建议

农业转移人口市民化问题归根结底是城镇常住人口平等共享各项基本公共服务及其相应的公共财政支出问题。根据本文对1亿农业转移人口市民化公共服务成本的测算，推进农民工市民化重在完善市民化成本的分摊机制，并提出如下若干政策建议。

一是要打破市民化成本难以承受的认识误区，破除各级政府、部门在推动农业转移人口市民化上产生的畏难情绪，明确各级政府、部门在城镇基本公共服务成本方面的分摊责任，客观评价各级政府、部门的公共财政支出能力，有序推进城镇基本公共服务覆盖城镇常住人口，根据年度财政能力合理安排市民化进度与重点。

二是合理安排各项城镇基本公共服务覆盖农业转移人口的先后顺序，针对新生代农民工要优先推动基本技能培训全覆盖，提升新生代农民工参与就业竞争、融入城市生活、承担市民化私人成本的能力；针对已经举家外出或长期外出的中老年农民工，要优先帮助他们参保城镇基本医疗保险、养老保险，让他们"病有所医"、"老有所养"。

三是根据年度财政能力、一次性支出规模大小以及对基本公共服务需求的时间紧迫程度，盘活存量、用好增量，明确政策工具选择的优先序。优先推动农业转移人口的社会保障关系转移接续，落实灵活就业人员和农民工随迁家属参保城镇居民医疗保险与养老保险，鼓励有稳定就业的农业转移人口参保城镇职工保险；优先推动对民办义务教育学校的补贴支持，根据农民工子女的义务教育需求推动对公办义务教育学校的扩建、改建、新建；优先推动社会资本投入保障性住房建设。

四是优化中央与地方政府、输入地与输出地政府在农业转移人口市民化中的公共支出责任。根据公共支出的外溢性推动中央政府在义务教育、社会保障等领域的统筹责任，中央政府重点解决跨省农业转移人口的市民化成本；省级政府重点负责省内跨市县迁移农民工市民化并承担相应的支出责任，城市政府负责各项公用设施与基础设施建设、卫生健康服务、就业创业指导等地方性公共事项的支出。优化输入地与输出地在农业转移人口市民化公共成本上的分摊责任，探索输入地对输出地的转移支付、对口支援等形式的利益补偿方式。建立、完善与常住人口数量挂钩的财政转移支付制度，形成"钱随人走"、"钱随事走"的机制，优化中央与地方的财税分配比例，增强基层政府提供公共服务的自主支配财力，加大对中小城市、小城镇和落后地区的财政转移支付力度。

五是探索农村三资权益折股到人，深化农村承包地流转改革，推动建立城乡统一的建设用地市场，形成"带资进城"的市民化成本担负机制。完善农民承包地、宅基地的确权登记颁证，探索"两地"依法自愿有偿、公平公开合理的市场化退出机制，试点承包地的经营权向金融机构抵押融资，审慎推进农民住房财产权抵押、担保、转让，探索农村集体经营性建设用地折股到人，引导与规范农村集体经营性建设用地出让、租赁、入股，实行与国有土地同等入市、同权同价，加快建立农村集体经营性建设用地产权流转和增值收益分配制度。积极推进城乡建设用地增减挂钩政策，探索新增城镇建设用地指标的跨区交易，改革土地出让金征收制度，将一次性征收改成长期受益或者不动产税形式，引导、规范农民宅基地及其附属物置换为城镇住房等。

第5章 城镇化进程中北京农民工市民化调研报告

为了解和掌握北京市农民工市民化进程情况,共对350位在北京务工的农民工进行问卷调查,被调查的农民工有在北京从事建筑行业的,也有从事餐饮行业的,还有从事快递物流的,共发放问卷350份,收回有效调查问卷336份。现将调查结果整理分析如下:

5.1 受访农民工性别及来源地分布情况

在接受调查的336个农民工中,大都是男性,比例高达72.6%,来源地比例最高的是河北省,占调查总数的24.4%,其次是河南省、山东省和山西省,比例分别为15.2%、11.3%和9.2%,四个省的比例和达到总数的3/5,;此外,安徽省、辽宁省和内蒙古自治区分别为6.8%、2.4%和3.6%,超过总数的1/10,重庆市、四川省和甘肃省分别为6.3%、5.4%和3.9%,比例也超过了1/10;还有个别农民工来自于湖南省、湖北省、贵州省和云南省等,比例相对较小。如表5-1所示。

以上分析数据说明:北京市的农民工主要集中在空间上较接近北京的省市,体现了近邻地域转移的基本特征,大城市的拉力随着距离上的增加而有所减弱,也有一小部分中西部贫困人口大省的农民工为了赚钱选择远离故土,到北京来就业,农民工们大都是"离土又离乡"。

表5-1 农民工来源地分布情况

省份	安徽	辽宁	甘肃	贵州	河北	河南	湖北	湖南	江苏	山东	山西	四川	内蒙古	云南	重庆
人数	23	8	13	11	82	51	6	9	6	38	31	18	12	7	21
比重	6.8%	2.4%	3.9%	3.3%	24.4%	15.2%	1.8%	2.7%	1.8%	11.3%	9.2%	5.4%	3.6%	2.1%	6.3%

5.2 受访农民工年龄结构、婚姻情况及受教育程度

在探讨农民工市民化过程中,年龄也是考虑的重要因素之一。其中18岁到30岁和31岁到40岁这两个年龄段的人数比较多,分别占到总数的45%和29%,40岁到50岁年龄段的人占19%,51岁到60岁年龄段的人不多,仅占总数的7%,农民工群体主要以中青年农民工为主,正是劳动力的黄金年龄,这一年龄段的人对于新鲜事物接受较快,不想安于现状,敢于远离家乡,前往大城市打拼,处于事业上升期。与农村的较早成婚的传统习惯相关,大部分农民工都是已婚状态,比例达到了63%。

在受访农民工的受教育程度调查中,32.5%的农民工学历都是小学及以下,学历达到初中层次的农民工占总数的39.3%,有高中学历的农民工仅占28.2%。农民工的受教育程度,直接影响其本身文化素质的高低,也影响其综合素质的提升,在一定程度上限制了农民的职业选择,外出打工挣钱,大都选择与体力劳动关系较大

的工作。农民工教育程度普遍偏低,也在一定程度上反映了教育水平的不均衡,农村地区的教育资源十分匮乏,一方面是教育资源跟不上,另一方面相对于城市,农村地区的家长对教育的重视程度不是很高。

5.3 受访农民工的就业情况

目前,受访的农民工进城大都从事脏重累活,基本集中在服务业,如家政服务、物流快递、餐饮住宿以及建筑业等。城市居民一般不愿从事这类脏重累的工作,而且这类工作对员工的文化程度要求不高,所以农民工比较容易进入到这些行业。在受访人群中,从事建筑行业和住宿餐饮业的人数较多,分别占到27.7%和25.6%,另外,快递物流业和零售业分别占到14.3%和12.5%,超过1/4。从表5-2我们可以看到,农民工所从事的这些工作基本是城市居民不愿干或不屑干的,但这些工作对一个城市的正常运行而言却又是极为关键的。

表5-2 受访农民工从事行业

行业	家政服务业	保安行业	快递物流业	住宿和餐饮业	建筑业	零售业	合计
人数(个)	36	31	48	86	93	42	336
所占比例	10.7%	9.2%	14.3%	25.6%	27.7%	12.5%	100%

就农民工外出务工的主要原因我们也在问卷中进行了调查,绝大多数农民工的反馈是北京工资水平高,来北京就业主要是为了赚更多的钱,这部分农民工占比达到71.7%,也有15.2%的农民

工表示因为不想再留在农村种田,所以选择出门务工。在调查中还发现有2个农民工外出务工是因为希望未来能在城市定居,如表5-3所示。针对这种情况,我们还特意对这两位农民工进行了回访,发现这两位农民工的年龄都不满20岁,属于典型的新生代农民工,他们对在城市工作和生活有美好向往,未来定居城市的梦想激励着他们继续在北京坚持奋斗。

表 5-3 外出务工主要原因

外出务工原因	不想种田	赚更多的钱	更好生活环境	见世面	学技术	到城市定居	碰运气	合计
人数	51	241	19	14	8	2	1	336
比重	15.2%	71.7%	5.7%	4.2%	2.4%	0.6%	0.3%	100%

5.4 受访农民工的生活状况

农民工在城市里扎根就必须要有一个住所,因此居住的地方是农民得以融入城市的关键环节。在我们的问卷调查中,一共设计了7种选择,其中包括:单位宿舍、简易工房、住亲戚朋友家、自购房、私人出租房、雇主家、廉租房或保障性住房等。在我们回收的336份有效问卷中,没有一位农民工有自购房,也没有一位农民工申请到了廉租房或保障性住房,虽然问卷的样本量较小,但也反映出一方面农民工无力在大城市购房,另一方面城市保障性住房的覆盖面比较有限,这种情况与农民工希望定居城市的意愿形成鲜明对照,并成为他们融入城镇的最困难的原因之一。从问卷中我们发现,建筑行业的农民工基本都住在简易工房中,每日的生活轨迹就是工地、工地住房两点一线的忙碌重复,虽然在北京工作,但很少有机会享受到北京优质的城市公共设施。值得庆幸的是,在调查的336个农民工中,有262个农民工居住在单位所提供的宿舍、简易工房以及雇主家,占总数的78%,尽管住宿条件有限,但至少避免了北京高额的租房成本支出,如表5-4所示。问卷调查中,有74人居住在出租房里,一方面是因为雇主单位不提供住所,另一方面一些青年农民工也希望能有相对独立的生活空间,但为了节约租房成本,其居住环境较差,甚至是住在地下室,因此,他们在北京的生活质量并不高。

表5-4 农民工的住房状况

	简易工房	单位宿舍	私人出租房	雇主家	合计
人数(个)	91	138	74	33	336
所占比重	27.1%	41.1%	22%	9.8%	100%

收入状况是农民工市民化的物质基础,是农民工在城市安身立命的基本保障,也是影响农民工市民化的最主要因素。北京市2016年城乡居民人均可支配收入为52,530元(北京市统计局),平均月收入为4,377元,城镇居民人均可支配收入为57,275元,平均月收入为4,773元。问卷调查结果表5-5显示,2016年农民工的月平均收入主要集中在3,501—4,500元和4,501—5,500元,比例分别达到27.7%和34.8%,19%的农民工收入在5,501—6,500元,另外,还有9.8%的农民工收入在6,501—8,500元,但这部分农民工基本以家政服务业人员为主。这说明北京市农民工的收入水平已经基本与北京市城镇居民的平均收入水平持平,并高于北京市城乡居民平均收入水平。这样一种收入水平肯定是高于农民工流出地农村的收入水平,从这一方面也证实了,收入的差距是促使农

民背井离乡的主要原因,如果在自己家乡也能挣到如此多的收入,那么很大一部分农民工一般都会选择留在家乡工作。

值得注意的是,我们不能仅看农民工的收入水平。在北京,农民工们每天工作时间都比较长,近一半的农民工工作时间都在9—10小时内,长期从事着脏累差的工作,雇主企业很少愿意为其购买社会保险。问卷调查数据集表明,虽然大部分农民工都与雇主企业签订了劳动合同,但社会保险的参保率普遍偏低,特别是城市养老保险、失业保险和生育保险。究其原因,一是农民工来城市打工,主要是希望能多挣钱改善生活条件,而参保缴费相对于农民工的平均工资偏高,特别是对于年轻农民工来说,觉得养老和疾病离自己还远,不愿把钱花在购买养老保险和医疗保险。二是农民工的工作跨区域流动性较强,而养老保险在异地转移上手续繁琐,再加上缴纳年限较长,农民工参保的积极性不高。三是农民工文化程度有限,对国家社保政策了解不透彻,认为在城市打工,失业是正常现象,大不了换一份工作或者换一个城市工作,没有必要去购买失业保险。四是社保缴费作为企业劳动力成本支出的一部分,对许多利润偏少的中小企业而言负担较重,再加上员工的频繁流动,企业不愿为农民工购买社保。

表5-5 月平均收入(2016年)

收入(元)	2,501—3,500	3,501—4,500	4,501—5,500	5,501—6,500	6,501—7,500	7,501—8,500	合计
人数(个)	29	93	117	64	25	8	336
所占比重	8.6%	27.7%	34.8%	19.0%	7.4%	2.4%	100%

在消费水平调查中,有31.5%的农民工月平均消费支出在1,501—2,000元,有22%的农民工月平均消费支出在1,001—1,500元,以及20.5%的农民工月平均消费支出在2,001—2,500

元，如表 5-6 所示。北京的生活成本相对家乡要高出许多，对于已成家有孩子的农民工，他们在北京的消费相对比较节约，除了在北京的生活基本开支外，省下来的积蓄会寄给老家的父母和孩子使用。而对于年轻的农民工而言，并没有太多的生活负担，更乐意将收入用于享受大城市所提供的各类消费乐趣。但是，收入水平作为农民工消费水平的主要决定因素，除去基本的开支外，他们的积蓄相当有限，再加上北京的房价、房租一直居高不下，农民工想长期留在北京，唯一的途径只能是努力工作，不断积累经验和提升能力，从而提高收入水平。

表 5-6 月平均消费支出

消费（元）	1,000以下	1,001—1,500	1,501—2,000	2,001—2,500	2,501—3,000	3,000以上	合计
人数（个）	46	74	106	69	34	7	336
所占比例	13.7%	22.0%	31.5%	20.5%	10.1%	2.1%	100%

在社会交往的问卷调查中发现：北京市农民工日常交往人员主要是工友（60.7%）、家人或老乡（35.1%），与企业管理者交往的很少，仅占 3.9%，而与当地居民经常交往的只有 1 位，和社区或政府工作人员经常交往的更是空无一人，如表 5-7 所示。这说明农民工日常接触人员大都是身边的老乡或工友，社会关系主要集中在农民工这一群体内部，较少与其他圈层来往。农民工社会关系的嵌入度与市民化程度密切相关，上述结果表明北京市农民工与城市的融合度还很低。

表 5-7 与哪些人交往最多

交往对象	家人或老乡	工友	企业管理者	当地居民	社区或政府工作人员	合计
人数（个）	118	204	13	1	0	336
所占比例	35.1%	60.7%	3.9%	0.3%	0.0%	100%

调查问卷显示,农民工日常的休闲方式主要为四种,分别是在家看电视占到36.3%、上网吧占到16.6%、逛街占到14.8%(女性为主)、打牌占到14.4%,而看电影、运动、访友以及其他方式分别只占到8.4%、8%、1.2%、和0.4%,如表5-8所示。上述各休闲方式的占比情况说明农民工的日常生活休闲方式基本上还是保持封闭型的生活方式,习惯在农民工群体内生活休闲,与上述问题"与哪些人交往最多"的调查结果是匹配的。需要关注的还有,农民工业余生活匮乏、排遣渠道相对单调,很难通过有效的社交活动与城市居民进行互动,这也是农民工难以融入城市社会的一个主要原因。

表5-8 受访农民工休闲方式情况(多选)

休闲方式	在家看电视玩手机	逛街	运动	上网吧	打牌	访友	看电影	其他	共计
选择次数	186	76	41	85	74	6	43	2	513
所占比例	36.3%	14.8%	8.0%	16.6%	14.4%	1.2%	8.4%	0.4%	100.0%

5.5 受访农民工的心理感受

农民工想要成为市民,前提条件是必须要有市民化意愿。首先是身份认同,调查问卷显示,有94%的农民工认为自己是农村人,另有6%的农民工认为自己是城乡中间人,生活方式已经跟城市居民比较接近。这表明北京市农民工大多数认为自己是农村身份,与城市的融合度依旧很低。

其次是身份差异,所有参与问卷调查的农民工都觉得与城市居民存在身份差异。主要原因是社会地位低(32.1%)、经济条件差(27.7%)、就业机会少(18.5%)、缺乏社会保障(14%)、生活习惯不同(7.7%),如表5-9所示。前面的收入状况已经表明农民工收入已达到北京市城镇居民人均可支配收入水平,但仍有27.7%的农民工主观上认为收入低导致身份差异,且主要原因是因为农民工经济负担较北京市城镇居民更重,无法享受到在城市的高质量生活,农民工主观上认为仍存在身份差异。另外,有超过一半的农民工认为存在身份差距的原因是社会地位低和就业机会少。受知识水平的限制,绝大多数农民工就业机会相对较少,所从事都是脏累差的工作,往往被城里人所看不起,再加上工作的不稳定性,以及在城市缺少熟人关系,使得农民工的身份认同感很差。

表5-9 身份差异的原因调查

原因	经济条件差	社会地位低	缺乏社会保障	就业机会少	生活习惯不同	合计
人数	93	108	47	62	26	336
比例	27.7%	32.1%	14.0%	18.5%	7.7%	100%

5.6 受访农民工市民化的最主要困难和障碍

关于定居城镇最大的困难,有47.9%的农民工认为收入低是造成定居城镇的最大困难,其次是没有城镇户口(14.3%)、房价高(12.5%)、子女上学难(10.7%)、缺乏社会保障(6.5%)、工作不稳定(6.3%)等,如表5-10所示。前面已经说明农民工收入水平基本与北京市城镇居民收入持平,那么为什么农民工还会认为收入低是定居城镇最困难的原因呢?首先北京生活的成本很高,特别是房价高,但如果农民工的收入足够多,能租得起房也能在这里定居生活,所以收入问题被绝大多数农民工认为是定居城市的最大困难。但如果我们从更深层面去看就能发现,北京市城镇居民的收入虽然不高,但他们有城镇户口,可以享受其他的补贴以及相应的社会保障,如经济适用房的申请条件中就有必须具备本市户籍的要求,只要有北京户口,就有机会申请到保障性住房,解决定居的基本问题,这也是许多农民工选择没有城镇户口这一项的原因。另外还有跟城镇户口直接挂钩的子女上学问题、社会保障问题、就业问题,都是农民工认为定居城镇的困难所在。因此,解决房价高、租房贵的问题,以及让农民工有机会申请廉租房,有机会享受与城镇居民同等社会保障待遇是未来农民工市民化的基本方向。

表5-10 定居城镇最大困难

困难	房价贵	工作不稳定	收入低	缺乏社会保障	没有城镇户口	子女上学难	生活不习惯	城里人排外	合计
人数	42	21	161	22	48	36	4	2	336
比重	12.5%	6.3%	47.9%	6.5%	14.3%	10.7%	1.2%	0.6%	100.0%

而达成个人进城预期目标的最主要障碍如下,有63.7%的农民工把进城的最主要障碍归于个人文化程度低等原因,其次是27.4%的农民工将原因归于家庭不能提供支持和帮助等,如表5-11所示。不管是认为个人文化程度低还是认为得不到家庭的支持和帮助,这都表明绝大多数的农民工将进城的主要障碍都归于自身的原因。我们知道,绝大多数的农民工都能吃苦耐劳,而且想法很简单,就是希望通过自身的努力来改善生活水平,他们有自己的梦想,也希望能跟城市居民一样在大城市定居、工作和生活,享受大城市基础设施所带来的便利和城市社会保障体系所带来的稳定。而这些梦想的实现只能靠自己的努力去实现,尽管家里帮不

上忙,文化程度也不高,但只要有梦想,肯学习,肯奋斗,就一定有机会。对于政府而言,也应该鼓励和支持农民工参加培训和学习,提升他们的知识水平和工作技能,为城市的进一步发展储备专业型服务人才,提升城市竞争力。

表 5-11 达成个人进城预期目标的主要障碍

原因	文化程度低	家庭不能提供支持和帮助	政府关心帮助少	当地人排斥发展机会少	运气不好	合计
人数(个)	214	92	17	4	9	336
比重	63.7%	27.4%	5.1%	1.2%	2.7%	100.0%

第 6 章　北京市农民工市民化成本核算

　　新型城镇化的核心是人的城镇化,它的本质是实现人口由农村向城镇转移,最终达到提高农民生活水平,改善农民生活质量,使其过上与城镇居民同等的物质生活和精神生活的目标。所以,现阶段城镇化的基础和关键是农民工市民化,其根本问题也是使农民工在就业非农化的基础上,享受与城镇居民同等的公共服务和社会保障。当然,农民工市民化是一项涉及社会、经济、文化等多方面的系统工程,也是一个不断推进、不断发展的动态过程。推动农民工市民化,不仅需要破除城乡二元结构下的制度和政策制约,也需要承担农民工市民化成本,即承担因城镇人口增加而导致的社会保障和公共服务等各项投入的增加。核算农民工市民化成本,是考察农民工现阶段是否、能否以及怎样融入城市的重要指标,也是推进农民工市民化的现实基础。而且,在市民化过程中,政府、企业和农民工个人既是市民化的主要行为主体,又是直接利益相关者,因此,各方均需承担一定的责任和成本。测算农民工市民化成本,理顺其成本分摊机制,是有序推进农民工市民化的关键。

　　北京是我国的首都、国家中心城市和6个超大城市之一,同时也是我国聚集农民工最多的城市之一。根据《北京市城市总体规划（2004—2020）》，北京到2020年确立具有鲜明特色的现代国际城市地位，到2050年，进入世界城市行列，客观上要求解决不完全城镇化问题，实现农民工市民化。因此，科学测算北京市农民工市民化成本，不仅能够为北京提高城镇化质量提供现实依据，也有助于为国内特大城市实现基本公共服务均等化提供参考借鉴。

在本章，农民工市民化成本，界定的为社会成本（包括公共成本、个人成本和企业成本），即农民工从农村进入城市，获得与城镇居民均等化的公共服务和社会保障等由政府（包括中央政府、输入地和输出地政府）、企业和个人所支付的最低货币成本。

6.1 北京市农民工市民化的成本测算

根据国家基本公共服务体系"十二五"规划，把农民工市民化成本分为农民工及其家庭成员与城镇居民平等共享的基本公共教育、社会保险、基本社会服务、基本医疗卫生、基本住房保障等九大公共成本，还包括城镇功能设施、社会设施与市政基础设施的投入成本，还包括用工企业支付的成本以及个人支付的成本。

农民工是否融入城市首先取决于农民工自身的市民化意愿，即农民工是否市民化是基于个体理性所做出的自主决策。所以本文在测算北京市农民工市民化成本时，选择以北京市农民工个体市民化的年均成本作为测算对象。

因此，本文采用分类加总的方法，分别测算农民工进入城市后在社会保障、基础设施、城市公共管理、住房、随迁子女教育和城市生活成本等各个领域所支付的近期和远期成本，然后分别加总求和，得到北京市农民工市民化的近期和远期年均总成本。又由于各个领域支付的成本发生在农民工的不同年龄阶段,因此,我们引入全生命周期理念,把农民工生命周期中不同阶段支付的市民化成本做近期和远期的处理,既避免测算方法对农民工成本的夸大和低估,又可以为相关主体在不同阶段的选择和决策提供数据支持。

在具体成本测算时,我们假设一个代表性农民工[①]刚从农村进入城市,作为城市新生人口享受市民化待遇,这样的假定避免了测算医保、随迁子女义务教育等支出的城乡差异,也避免测算已在城市就业的农民工市民化前后生活成本的增减。同时,该代表性农民工的市民化成本参照当年城镇居民标准,文中以 2014 年数据分别测算近期与远期成本。

6.1.1　近期成本的测算

在近期成本测算中,我们以 2014 年数据分别测算企业和个人承担的社会保障成本,政府承担的城市基础设施和城市公共管理成本,政府和个人承担的住房成本,以及个人承担的生活成本。

(1)社会保障成本

农民工市民化的社会保障成本是指在农民工进城正常就业的基础上,为使农民工享受与城镇在职居民同等的社会保障,而在养老、失业、医疗、工伤、生育和住房公积金方面所支付的费用,即缴

---

① 该代表性农民工具有城市普通市民的工作能力,因此,假设其获得城市平均工资。又因为我们假定农民工作为城市新生人口,而且定义的成本又为农民工享受市民化待遇必不可少的支出,所以,本文在具体测算时不做"一代"和"二代"农民工的代际区分。

纳我们通常所说的"五险一金"而承担的成本。其中,养老保险、失业保险、医疗保险和住房公积金是由企业和个人共同缴纳;工伤保险和生育保险完全由企业承担。另外,本文界定农民工市民化是以正常就业为前提,因此,本文测算的是农民工参与职工基本养老保险所承担的成本。由于我们只考虑一个代表性农民工市民化的即期成本,而养老保险的支付需要在农民工退休之后才发生,故这里不考虑政府财政弥补个人账户与实际领取的资金差额而支付的部分社会保障成本。同样,我们假设政府在近期地方公共财政支出中暂不支付新增市民的社会保险,即不考虑政府为农民工医疗、失业等社会保险新增的支出。

根据《北京市人力资源和社会保障局、北京市统计局关于公布2014年度北京市职工平均工资的通知》(京人社规发〔2015〕136号)文件,2014年度北京市职工平均工资为77,560元,月平均工资为6,463元。这里以2014年度北京市职工月平均工资的缴费基数下限(依据2015年北京社保缴费基数比例调整方案)作为2014年农民工"五险一金"的缴纳基数,即参加基本养老保险、失业保险的职工以月平均工资的40%为缴费基数下限;参加基本医疗保险、工伤保险、生育保险的职工以月平均工资的60%为缴费基数下限。所以在近期,企业和个人缴纳"五险一金"费用如表6-1所示。

所以,2014年度,企业月缴纳"五险一金"最低金额为 $C_{1em} = 1,211.78$ 元,个人月缴纳为 $C_{1pm} = 527.13$ 元,月总金额为 $C_{1m} = C_{1em} + C_{1pm} = 1,738.91$ 元。

月缴纳金额乘以12个月即为年度金额,则为企业年缴纳最低金额为 $C_{1e} = 12 \times C_{1em} = 14,541.36$ 元;个人年度缴纳金额为 $C_{1p} = 12 \times C_{1pm} = 6,325.56$ 元;年度总金额为 $C_1 = 12 \times C_{1m} = 20,866.92$ 元。

表 6-1 单个农民工市民化的近期社会保障支出（单位：元/月）

项目	最低基数	企业缴纳 缴纳比例	企业缴纳 缴纳金额	个人缴纳 缴纳比例	个人缴纳 缴纳金额	总金额
养老保险	2,585.00	20.00%	517.00	8.00%	206.80	723.80
失业保险	2,585.00	1.00%	25.85	0.20%	5.17	31.02
医疗保险	3,878.00	9%+1%	387.80	2%+3	80.56	468.36
工伤保险	3,878.00	0.40%	15.51	0	0	15.51
生育保险	3,878.00	0.80%	31.02	0	0	31.02
公积金	1,955.00	12%	234.60	12%	234.60	469.20
合计	-	-	1,211.78	-	527.13	1,738.91

（2）城市基础设施成本

农民工市民化的城市基础设施成本，是指为容纳市民化的农民工，城市在电力、燃气、给水、道路、交通等市政基础设施的建设和维护方面所增加的投入资金，这里不包括房地产投资成本。农民工进入城市生活，对城镇电力、燃气、给水等公共基础设施的需求随之增加。一方面，城市现有的基础设施的承载力是有限的，当人口超过一定限度，城市基础设施就会超负荷运转，给城市安全带来巨大隐患；另一方面，城市基础设施作为公共物品，只能由政府有效提供。所以，在农民工市民化的过程中，需要政府增加公共投资，加大城市基础设施投入。

北京市农民工的人均城市基础设施成本是以该年度北京市的基础设施建设投资除以城市常住人口，即北京市的人均基础设施投资量表示。根据北京统计年鉴，2014 年北京市城镇基础设施投资额为 $C_{2g} = 17,033,754$ 万元，城镇常住人口为 $P_0 = 1,895$ 万人，则人均城市基础设施成本为 $C_2 = C_{2g} / P_0 = 8,988.79$ 元。

（3）城市公共管理成本

随着市民化人口的增加,政府也需要增加城市公共管理成本。农民工市民化的城市公共管理成本是指在市民化过程中,政府在一般公共服务、公共安全和城乡社区事务支出等公共事务管理方面所投入的资金。本文以北京市地方公共财政支出项下的一般公共服务、公共安全和城乡社区事务支出作为近期城市公共管理成本的主体进行测算,如表6-2所示。

表6-2 单个农民工市民化的近期公共管理支出(单位:万元/年)

公共管理支出	一般公共服务	公共安全	城乡社区事务	总计
地方财政支出	2,722,329.00	2,797,800.00	5,673,982.00	11,194,111.00

所以,近期城市公共管理总成本为 $C_{3g}=11,194,111$ 万元,城镇常住人口为 $P_0=1,895$ 万人,则人均城市公共管理成本 $C_3 = C_{3g}/P_0 = 5,907.18$ 元。

(4)住房成本

住房成本是市民化后的农民工在城市正常居住而必须支付的成本。从农民工获取住房的途径来看,主要分为以下几类,一是临时住宿,如在工地、工棚暂住或用人单位提供短期住房;二是长久居住,如与家人或亲友租房,还有小部分拥有自购房。我们假定市民化后的农民工可以享受正常的一般居住条件。但是如果农民工通过自购房或完全由政府提供保障性住房来解决居住问题,成本过大,也不现实。所以,根据《国家新型城镇化规划(2014—2020)》提出"'十三五'末保障性安居工程受益覆盖率达23%"的目标,结合北京市实际情况,我们认为政府以廉租房主要是实物配租的方式,解决市民化后部分低收入者的住宿问题。我们假定23%的农民工由政府提供廉租房覆盖,剩下77%的农民工自行租房居住。因此,一个农民工市民化后的住房成本为: $C_4 =$ 房地产开发竣工房屋造价×人均住房面积×23%+租房年房租×77%。根据北京市2014年国民经济和社会发展统计公报,北京市人均住房面积为31.54平方米;北京房地产开发企业竣工房屋造价为3,221.86元/平方米;所以政府承担的住房成本 C_{4g} = 3221.86×31.54×23% = 23,372.02元。而根据我爱我家统计数据显示,2014年北京月租金均价为3,857元/套,单人租房2月租金为964.25元/月,故一年的住房费用为 C_{4p} = 964.25×12×77% = 8,909.67元。所以住房成本 $C_4 = C_{4g} + C_{4p}$ = 32,281.69元。

(5)城市生活成本

城市生活成本是农民工市民化后在城市正常开支的私人生活成本,包括城镇生活的水电气暖、食物、个人娱乐文化等方面的支出。由于我们假设为新进入城市生活的农民工,所以我们以城镇居民扣除居住支出后的消费支出表示该项成本。根据北京统计年鉴,城镇居民消费支出为 C_{5s} = 28,009元,居住支出为 C_{5h} = 2,202元,则城市生活成本 $C_5 = C_{5s} - C_{5h}$ = 25,807元。

(6)农民工市民化近期成本测算的总量和结构分析

根据近期成本测算的假设和指标选择,我们把社会保障、基础设施建设、城市公共管理、住房成本和生活成本五个指标加总,就可以得到北京市农民工市民化人均总成本为93,851.58元。如表6-3所示。

表6-3 北京市农民工市民化近期成本具体核算(单位:元)

选择指标	政府	个人	企业	总成本	占比
社会保障	—	6,325.56	14,541.36	20,866.92	22.23%
城市基础设施	8,988.79	—	—	8,988.79	9.58%
城市公共管理	5,907.18	—	—	5,907.18	6.29%

续表

住房成本	23,372.02	8,909.67	-	32,281.69	34.40%
生活成本	-	25,807	-	25,807	27.50%
总支出	38,267.99	41,042.23	14,541.36	93,851.58	100%
各个主体支出占比	40.78%	43.73%	15.49%	100%	-

由上表可以看出，住房是北京市农民工市民化最主要的成本，达到总成本的34.40%，这与北京高房价和高房租的现实相符。对于北京高昂的住房成本，虽然我们假设农民工达到城市普通职工的就业能力，具备一定的住房承担能力，但面对高房价仍力不从心，所以政府应将农民工纳入城市住房保障体系，改善和提高农民工的居住环境。其次，生活成本和社会保障也是农民工市民化较大的成本支出，分别占比27.50%和22.23%，而这两项成本均与农民工市民化的生活质量息息相关，生活成本直接决定农民工的生活品质，而社会保障则是农民工的"民生之安"。而完全由政府负担的城市基础设施和城市公共管理成本，分别占到9.58%和6.29%，合计占比不到20%，在总成本之中，比重不大。

从农民工市民化成本分摊来看，政府、企业和个人分别占比40.78%、15.49%和43.73%。农民工自身是市民化近期成本的主要承担者，政府也是市民化成本的重要承担者，企业虽然只承担农民工社会保障中的企业支付部分，负担较低，但企业支付农民工劳动报酬，是农民工个体承担市民化成本的基础。

6.1.2 远期成本的测算

在远期成本测算中，我们同样以2014年数据分别测算政府、企业和个人承担的社会保障成本,政府和个人承担的住房成本,政府承担的城市基础设施、城市公共管理和随迁子女义务教育成本,以及个人承担的生活成本。

(1)社会保障成本

从长期来看,农民工和企业应按照正常工作能力承担社会保障成本,所以在远期,我们认为农民工"五险一金"的缴费基数应为上年度月平均工资。从远期出发,我们也需要考虑政府弥补养老保险个人账户与实际支付的差额以及政府在社会保障方面承担的市民化成本。企业、个人和政府远期承担的社会保障支出如表6-4所示。

这里假设农民工(男女比例为100∶100)刚从农村进入城市,年龄为18岁。根据第六次人口普查公布的数据显示,我国男性人口的平均预期寿命为72.38岁,女性为77.37岁,我们进行取整,男性平均预期寿命为72岁,女性为77岁。而根据我国目前法律规定,男性退休年龄为60岁,女性退休年龄为55岁。所以,男性工作年限为54年,退休领取养老金年限为12年;女性工作年限为37年,领取养老金年限为22年。

2014年度,企业月缴纳"五险一金"远期金额为$PC_{1em}=2,856.65$元,个人月缴纳为$PC_{1pm}=1,437.79$元,月总金额为$PC_{1m}=PC_{1em}+PC_{1pm}=4,294.43$元。

企业远期年缴纳金额为$PC_{1e}=12\times PC_{1em}=34,279.75$元;个人年度缴纳金额为$PC_{1p}=12\times PC_{1pm}=17,253.43$元;年度总金额为$PC_1=12\times PC_{1m}=51,533.18$元。

表 6-4　单个农民工市民化的远期社会保障支出（单位：元/月）

项目	基数	企业缴纳 缴纳比例	企业缴纳 缴纳金额	个人缴纳 缴纳比例	个人缴纳 缴纳金额	总金额
养老保险	6,463.00	20.00%	1,292.6	8.00%	517.04	1,809.64
失业保险	6,463.00	1.00%	64.63	0.20%	12.926	77.556
医疗保险	6,463.00	9%+1%	646.3	2%+3%	132.26	778.56
工伤保险	6,463.00	0.40%	25.852	0	0	25.852
生育保险	6,463.00	0.80%	51.704	0	0	51.704
公积金	6,463.00	12%	775.56	12%	775.56	1,551.12
合计	-	-	2,856.65	-	1,437.79	4,294.43

这里，我们再计算政府需要承担的养老保险成本。社会养老基金由两部分组成，一是企业缴纳的养老保险，进入社会统筹基金池；二是职工个人缴纳的，进入个人名义账户，为个人所有。企业职工退休领取基本养老金由基础养老金、个人账户养老金和地方养老金三部分组成。基础养老金和地方养老金与本人上一年度月平均工资、本市上一年度月平均工资和本人缴费年限有关，而个人账户养老金与个人缴费总额有关。因此，在我们的假设前提下，基本养老金与本市职工上一年度月平均工资密切相关，所以我们再次假定 2014 年度北京市月平均工资决定了 2015 年度的平均养老金水平。

我们把 2015 年北京市平均养老金水平作为职工退休后领取的养老金，则退休后每月领取养老金为 $P_{om}=3,355$ 元/月。所以需要支付的养老金总额，男性为 $MP_{os}=3,355\times12\times(72-60)=483,120$ 元，女性为 $WP_{0s}=3,355\times12\times(77-55)=885,720$ 元，需支付的总金额为 $P_{os}=0.5MP_{os}+0.5WP_{0s}=684,420$ 元。

由企业缴纳的养老金总额男性为 $ME_s = 1,292.6 \times 12 \times (60-18) = 651,470.4$ 元,女性为 $WE_s = 1,292.6 \times 12 \times (55-18) = 573,914.4$ 元;企业缴纳的养老金总额为 $E_s = 0.5ME_s + 0.5WE_s = 612,692.4$ 元。由个人缴纳的养老金总额男性为 $MP_s = 517.04 \times 12 \times (60-18) = 260,588.16$ 元,女性为 $WP_s = 517.04 \times 12 \times (55-18) = 229,565.76$ 元;个人缴纳的养老金总额为 $P_s = 0.5MP_s + 0.5WP_s = 245,076.96$ 元。

单就农民工养老金账户而言,我们发现,农民工个人缴纳的养老金总额小于养老金支付总额,即 $P_s < P_{os}$,而企业和农民工共同缴纳的养老金总额大于养老金支付总额,即 $E_s + P_s > P_{os}$。我们认为,可单独设立农民工养老账户,该账户由农民工和企业缴纳的养老保险构成,该独立账户可以实现收支平衡,解决农民工市民化后的养老问题。

最后,从远期来看,政府需要负担部分社会保障和就业成本,我们用北京市公共财政支出中的社会保障和就业、医疗卫生与计划生育的部分明细作为政府远期承担的社会保障成本,如表 6-5 所示。由于缺少 2014 年度全部和 2015 年度部分数据,我们用 2013 年数据做代替,则政府负担的社会保障成本年度总额为 $G_s = 1,561,431$ 万元,人均年度金额为 $PG_s = G_s / P_0 = 823.97$ 元。

表 6-5 远期政府负担的部分社会保障成本(单位:万元/年)

社会保障成本	社会保障和就业				医疗卫生与计划生育				
	人力资源和社会保障事务	民政管理事务	就业补助	城镇居民最低生活保障	医疗卫生管理事务	公立医院	基层医疗卫生机构	公共卫生	医疗保障
地方财政支出	59,522	68,247	9,210	5,487	6,283	629,016	36,001	137,920	609,745

(2) 城市基础设施成本

在远期,我们假定政府以同等的基础设施投资规模承担农民工市民化的城市基础设施成本,因此远期人均城市基础设施成本为 $PC_2 = C_2 = 8,988.79$ 元。

(3) 城市公共管理成本

在远期,城府在公共管理方面,必然承担更多职能,如支持科学技术、节能环保等,因此需要承担更多的城市公共管理成本。本文以北京市地方公共财政支出项下的一般公共服务、公共安全、科学技术、文化教育与传媒、节能环保和城乡社区事务支出作为远期城市公共管理成本的主体进行测算,如表6-6所示。

所以,近期城市公共管理总成本为 $PC_{3g} = 17,793,812$ 万元,城镇常住人口为 $P_0 = 1,895$ 万人,则人均城市公共管理成本 $PC_3 = PC_{3g} / P_0 = 9,389.87$ 元。

表6-6 单个农民工市民化的远期公共管理支出(单位:万元/年)

公共管理支出	一般公共服务	公共安全	科学技术	文化教育与传媒	节能环保	城乡社区事务	总计
地方财政支出	2,722,329	2,797,800	2,827,117	1,639,031	2,133,553	5,673,982	17,793,812

(4) 住房成本

在远期,我们依然假定政府提供廉租房覆盖23%的农民工,剩下的77%的农民工自行租房居住。因此,农民工市民化后的个人住房成本为:$PC_4 =$ 房地产开发竣工房屋造价×人均住房面积×23% + 租房年房租×77%。则政府承担的住房成本 $PC_{4g} = C_{4g} = 23,372.02$ 元;而远期我们认为一家三口居住二室一厅比较符合实际情况,所以单人远期租房月租金为 $P_{Pe} = 3,857/3 = 1,285.67$ 元/月,一年的住房费用为 $PC_{4p} = 1,286.67 \times 12 \times 77\% = 11,879.56$ 元。所

以住房成本 $PC_4 = PC_{4g} + PC_{4p} = 35,251.58$ 元。

(5) 城市生活成本

假定农民工市民化后的远期正常开支保持相对稳定,则远期城市生活成本 $PC_5 = C_5 = 25,807$ 元。

(6) 随迁子女义务教育成本

我国目前实行九年义务教育,因此,政府需承担农民工随迁子女在中小学阶段的教育经费。农民工随迁子女教育成本,主要指政府为市民化的农民工子女在义务教育阶段所增加的经费投入,包括新建校舍的资金、新增的师资聘请与设备购置、教科书费用和学杂费等各项费用支出,具体可用"全国公共财政教育支出(包括教育事业费、基建经费和教育费附加)"表示。其中小学阶段和中学阶段有所差别。由于我们使用一个代表性农民工进行计算,又因为我们假设农民工群体的性别比例为 100∶100,所以在独生子女的前提背景下,随迁子女系数为 0.5,又根据国家统计局 2014 年全国教育经费执行情况统计表,北京市小学阶段生均教育支出为 21,920.5 元,中学阶段生均教育支出为 35,082.16 元,而且小学 6 年,初中 3 年,故小学阶段教育费用支出为 $EP = 21,920.5 \times 6 = 131,523$ 元,$EM = 35,082.16 \times 3 = 105,246.48$ 元,则教育总支出为 $ES = (EP + EM) \times 0.5 = 118,384.74$ 元。在农民工整个生命周期,预期寿命为 75 岁,则随迁子女义务教育年均费用为 $YES = ES / (75-18) = 2,076.93$ 元。

(7) 农民工市民化远期成本测算的总量和结构分析

根据远期成本测算的假设和指标选择,我们从社会保障、基础设施建设、城市公共管理、住房成本、随迁子女义务教育和生活成本六个方面计算求和,可以得到北京市农民工市民化人均总成本为118,532.88元。如表6-7所示。

表6-7 北京市农民工市民化远期成本具体核算(单位:元)

选择指标	政府	个人	企业	总成本	占比
社会保障	823.97	17,253.43	34,279.75	52,357.15	39.11%
城市基础设施	8,988.79	-	-	8,988.79	6.71%
城市公共管理	9,389.87	-	-	9,389.87	7.01%
住房成本	23,372.02	11,879.56	-	35,251.58	26.33%
随迁子女义务教育	2,076.93	-	-	2,076.93	1.55%
生活成本	-	25,807	-	25,807	19.28%
总支出	44,651.58	54,939.99	34,279.75	133,871.32	100%
各个主体支出占比	33.35%	41.04%	25.61%	100%	-

从远期来看,缴纳社会保障的费用是北京市农民工市民化最主要的成本,达到总成本的39.11%,而企业又承担其中的65.47%,政府仅承担1.57%,可见企业承担成本相对过大。在为企业减负的背景下,可通过降费、减税等途径,减轻企业负担,使其在农民工市民化过程中承担起应有的社会责任,而又不使企业负担过重。其次,住房成本和生活成本是成本中比重较大的部分,分别为26.33%和19.28%,这一方面提高农民工的就业技能,提供其收入水平,以做到"城市让生活更美好";另一方面需要政府保障农民工的基本住房需求。最后,完全由政府承担的城市基础设施、城市公共管理和随迁子女义务教育的成本占比较低,总计占比仅为15.27%。

再从农民工市民化成本分摊来看,政府、个人和企业分别占比33.35%、41.04%和25.61%,个人是远期市民化成本的主要承担者。

从远期和近期的对比来看,社会保障、住房成本、生活成本都是最大的三项开支,合计比重都超过80%。从近期看,住房是最大的成本,由政府和个人承担;从远期来看,社会保障是最大的成本,主要由企业和个人承担;生活成本无论在近期还是远期都是第三大开支,完全由农民工个人承担。因此,我们可以看到,在近期和远期,农民工个体都是市民化成本最主要的承担者,其自身市民化能力也就成了北京市农民工市民化最主要的决定因素。当然,在市民化进程中,政府应有所作为,加大基础设施、公共管理和随迁子女义务教育等方面的投入,为农民工提供均等化的公共服务;减轻企业在社会保障方面的负担,保障农民工基本住宿等。企业在为农民工提供就业岗位的同时,也应落实对农民工的工资支付责任,并通过"干中学"等途径提高农民工就业技能和职业素养。

6.2 结论

农民工市民化是新型城镇化的基础和关键,农民工市民化成本又是制约其市民化的主要经济因素。本文在系统梳理已有农民工市民化成本研究的基础上,构建了北京市农民工市民化成本测算指标体系,并分别测算了政府、企业和农民工个体近期和远期应承担的最低市民化成本。但是,在目前有序疏解北京非首都功能的背景下,一般性产业特别是高能耗产业,区域性物流基地、区域性专业市场等部分第三产业,是重点疏解对象,而这又是农民工群体从事的主要行业。此外,部分教育、医疗、培训机构等社会公共服务功能的疏解,又必然影响市民化进程中农民工均等享受社会保障和公共服务。在北京市进行人口控制和疏解非首都功能的大背景下,我们根据本文对农民工市民化成本内涵的界定和具体测算结果,提出以下几点建议。

第一,"成本"是影响农民工市民化的一个重要约束条件,但农民工市民化不仅仅带来成本,也会为城市创造巨大的收益。农民工进入城市劳动力市场,增加了城市劳动力供给总量,企业通过雇用较低价格的劳动力,直接获得经济利益;城市通过农民工生产的低廉产品和服务也获得"移民剩余"。按照《国家新型城镇化规划》的规划期,测算2014—2020年农民工进城落户1亿人,平均每年产生市民化经济收益760多亿元,七年累积产生5,300多亿元的市民化经济收益(按2014年不变价计算)。① 而且,北京市农民工进入的行业,如建筑业、一般性服务业等,大多是城市基础性产业,是用以满足本地居民生产、生活等基本需求的。因此,即便是疏解北京非首都功能,这部分基础产业也不能不加选择地全部疏解。

第二,就业是农民工在城市立足之本,也是解决农民工市民化后在城市生活的关键。目前,农民工在就业岗位、工资、劳动保护和职业培训等方面与城镇职工存在差距,这会削弱农民工自身市民化的能力,也阻碍了农民工市民化进程。因此,要完善农民工就业制度,提高农民工素质,扩展其就业渠道,促进农民工在城市的稳定就业与工资合理增长。

第三,高额的住房成本是阻碍北京市农民工市民化的重要因素,仅靠农民工个人工资收入难以保证其市民化后的正常居住。而这需要政府通过改革创新来改善政策环境和提供资金支持,比如将农民工纳入住房保障体系,扩大廉租房覆盖范围,降低农民工

---

① 来源:《分担农民工市民化成本要破除三大误区》,宏观院国宏高端智库。

准入门槛;通过修改相关法律文件,确保农民农村土地产权,给予农民工在允许的范围实施流转,使其获得更多收益,以便个人有更多能力承担市民化成本;允许农民工按标准以承包土地和宅基地折算成城市经济适用房等。

第四,实现社会保障和公共服务均等化,是农民工享受市民化待遇的实质。建立健全的社会保障制度,是农民工市民化后的安全保障;建立覆盖农民工的公共服务体系,促使农民工在教育、医疗卫生、文化生活等方面平等享受城市公共服务,是惠及农民工、提高城镇化质量的关键。企业在这方面负担相对较大,政府应通过降费、价改和减税等,改善企业经营环境,减轻企业生产经营成本,避免市民化过程中企业负担过重。

第五,市民化总体而言是一个长期的过程,需要持续性的投入。农民工市民化成本除了一次性投入的公共服务设施建设等,还有大量需要连续支付的义务教育经费以及远期支付的养老金等,因此需要建立相应的可持续资金保障机制。比如可以探索北京市与主要输出地省市先行建立、健全社会保险异地转移接续机制,探索与主要输出地省份建立、健全建设用地指标跨区增减挂钩、市民化跨区利益补偿机制。

第 7 章　农民工市民化成本分摊机制

由于我国较长时期内的城乡二元结构,城乡居民在基础设施、社会保障和公共服务等方面存在着较大差距,因此,农民工市民化要消除这种差距,弥补公共服务和社会保障等方面的历史欠账,这必然产生相当大的成本。有研究测算,在 2030 年前,全国大约有 3.8 亿农业转移人口需要实现市民化,而市民化成本平均每人为 10 万元左右,因此,要将这些进城农民全部实现市民化,需要支付近 40 万亿元的成本(魏后凯,2013)。如此巨大的市民化成本规模,显然无法通过政府、企业、社会或是个人方面独立承担,只有按照权责匹配的原则,构建合理的成本分担机制,各个方面共同努力,各自承担起自己应负担的市民化成本,才能使农民工的市民化转型顺利进行。

7.1　现有农民工市民化成本分摊机制

目前,农民工市民化成本分担机制的推进和完善远滞后于人口城镇化进程,建立科学的农民工市民化的成本分担机制虽已引起全国上下的普遍重视,但迄今仍然很大程度上停留在学界内部的理论探讨层面。符合我国国情的、有针对性和阶段性的农民工市民化成本分担机制及其操作措施,无论是顶层的制度设计还是基层的行动实施,其推进都相对缓慢,政府、企业和农民工个体的分担责任及分担行为并未在制度中明确,在相对缺乏政策指导和法律约束的前提下,政府和企业主体并没有有效地履行各自的分担责任。政府偏向推进人口城镇化进程,忽视了对农民工群体公共服务方面的责任;企业过度注重企业利润,不愿意为农民工提供社会保险、技能培训方面的支出,没有担负起自己的社会责任。这样一来,现有农民工市民化的成本,包括住房成本、生活成本和子女教育成本等,主要还是落在农民工自己身上,而农民工本身工资待遇较低,合法待遇还常常得不到保障,没有足够的能力承担这些市民化的主要成本,致使市民化很难实现。

7.2 当前机制存在的问题

7.2.1 各级政府间的博弈影响分摊机制的形成

政府方面涉及农民工市民化成本分担应包括中央政府与地方政府、输入地和输出地政府两个层面。根据财权与事权相匹配的原则,中央政府应发挥着引导和调节作用,地方政府负责农民工市民化成本的资金筹措和公共设施及服务供给的具体建设;流出地和流入地政府应沟通协调,在农民工市民化过程的不同时期相应分担相关成本。但就目前而言,即使各政府主体都能够意识到自身在农民工市民化成本分担中的责任,受地方本位主义思想的制约,农民工市民化成本分担中并非"全国上下一盘棋",而是呈现出地方政府与中央政府、输入地政府与输出地政府等利益主体的博弈"暗战"(胡拥军,2014)。各级政府对其下级政府的财政转移支付与资金配套支持等相关决策在这种博弈状态下也很难顺利出台和实施,直接制约农民工市民化成本的政府间分担工作有效落实和推进。

(1)中央政府与地方政府

《国家新型城镇化规划(2014—2020年)》曾就此指出,各级政府要"根据基本公共服务的事权划分,承担相应的财政支出责任,增强农业转移人口落户较多地区政府的公共服务保障能力"。

在现行财税体制下,中央拥有较大的财权,在营业税改征增值税后,地方政府财政收入更是有所减少。以北京市为例,北京2016年财政收入5,081.3亿元,同比增长7.6%,相比2015年营改增之前12.3%的增速大幅降低。而在农民工市民化的过程中,相应的成本如基础建设支出、教育支出、社会保障支出、住房支出等都属于地方政府财政支出范围,中央所要分担部分较少,地方政府与中央政府财权和事权并不匹配。尤其北京是农民工大量聚集地,若要使全体农民工享受到与居民同等的公共服务,必定要扩张财政支出规模,这对北京市政府的财力是一个考验。因此,从能力上看,与地方政府的事权和财权不匹配,地方政府没有足够的财力承担农民工市民化的成本;从意愿上看,中央政府更有动力实现农民工市民化,而地方政府的主观能动性不强;从实际操作上看,农民工市民化涉及问题多、范围广,比如户籍制度改革、财政制度改革、社保体制改革等,不是地方政府所能承担的。地方政府不能、不愿也没有义务承担起农民工市民化的所有成本。

在农民工市民化的过程中,还存在一些制度壁垒。除了前述的财税制度之外,还有诸如户籍制度、社会保障制度等。由于居民能享有的社会保障服务、子女教育等都与户籍挂钩,结果是农民工无法在服务地享受应有的社会保障,随迁子女也无法正常入学;地方政府制定预算支出以及中央给予地方的转移支付也是以户籍人口数为基准,在农民工大量聚集的地区,中央和财政预算支出都存在事与财不对应的问题。这三种制度相互影响、相互关联,任何一方进行改革都需要其他制度有所变化作为配合,所谓牵一发而动全身。而这种制度上的改革和相互协调,仅中央政府才有权力去做,地方政府仅有配合之责。

(2)输入地与输出地

一般而言,劳动力输出地是经济较不发达地区,而输入地是经济发达地区。农民工为输入地的经济发展贡献巨大,但是没有享受到应有的福利;相反,输出地受到农民工的贡献小,同时财力较弱,无论从意愿还是能力上来看,都不应负担起农民工市民化的主要责任。但是,农民工对输入地和输出地的贡献大小难以量化,不同的地区的发展状况又各不相同,因而情况各异。

尽管农民工成为输入地产业工人的重要组成部分,为输入地经济、社会的发展做出了重要贡献,但他们无法在输入地享受各项公共服务,仍然由输出地政府承担其相应的新农村养老保险、新型农村合作医疗、子女义务教育以及留守老人的各项公共支出,实际上形成了经济发展水平相对较低的输出地补贴经济发展水平相对较高的输入地。原则上,两地政府承担的责任和收益的大小应该匹配。能否量化不同地区在发展过程中的受益程度,成为确定各地区分摊比例的先决条件。

7.2.2 企业不积极,未能承担应有责任

很多企业在雇用农民工时,仅考虑了劳动力购买成本,他们认为农民工薪资待遇较低,可以节约企业成本,为企业带来更多利润。然而,这些用工者并未考虑其需要承担的责任,比如履行《劳动法》《劳动合同法》等法律法规中明确规定的责任,其中最基本的就是签订劳动合同。我国《劳动合同法》规定,劳动者与用人单位建立劳动关系后,必须签订劳动合同。这是为了规定劳动者与用人单位的权利和义务,保护劳动者与用人单位双方。但从全国看来,根据 2016 年农民工监测调查报告,2016 年外出农民工签订劳动合同的比例为 38.2%,比 2015 年还下降 1.5 个百分点。没有法律效力的合同保护,农民工的权益很容易受到损害,比如拖欠薪资、不投保社会保险等。再如,《劳动法》第七十二条规定,用人单位和劳动者必须依法参加社会保险,缴纳社会保险费。虽有法律规定,但从全国范围来看,全国农民工的社保参保率仅占到农民工总数的 13.57%。企业在履行法律规定的义务方面差得很远。

从企业角度出发,即使国家相关政策倡导企业为农民工缴纳社保,为农民工提供培训等,但是企业并没有积极性承担相关责任。原因如下:

第一,大大增加企业用工成本。在近年企业效益不理想的情况下,劳动力成本对企业构成较大压力。而且大多数企业认为用工成本特别是其中的工资成本不太可能降低,只希望能够控制其增速不要过猛。在这种压力下,企业没有更多动力为农民工缴纳

五险一金。按照《关于统一2016年度各项社会保险缴费工资基数和缴费金额的通知(京社保发〔2016〕14号)》,北京市城镇职工标准的五险一金缴纳比例总和最高可以达到32.5%,每个新员工的边际成本会达到工资水平的132.5%。哪怕不雇用新员工,将原先雇用的农民工待遇提高到城镇职工标准,企业已经不堪重负。

第二,失去原有市场份额。如果由某个或部分企业做出头鸟,率先缴纳社保,而在其他企业不配合的情况下,出头的企业只能独自承担用工成本上涨的压力,而未获得明显收益。我们可以假设雇用农民工的企业是一个规定了用工价格的卡特尔。若所有企业一起履行缴纳社保的义务,则他们可以通过集体提升产品或服务价格,弥补多付出的成本;但若仅有一家企业或个别企业为农民工缴纳社保,他们的用工成本会增加,但是他们无法通过提高产品或服务的价格来弥补,因为涨价会使他们失去市场,企业负荷不断加重。

7.2.3 农民工收入水平较低,无力承担市民化成本

在生活支出上,根据2015年农民工监测调查报告,在东部地区的农民工平均年收入为38,556元,年均消费支出就有12,336元。若考虑完全成为北京市市民,在京的城镇消费支出则为28,009元,农民工的支出较原来需要增加一倍多,并且占去了大部分的收入。这些开支包括日常消费、教育支出、交通费用、居住上所要耗费的水电等。若考虑完全的市民化生活,农民可能无力负担。

在社会保障方面,现在进入城市的农民工数量已有不少,但正如上述参保率体现,参加社会保障的农民工数量并不多。一是由

于费率较高，若要达到完全市民化水平，按照2016年北京新标准，本市城镇职工的个人缴费比例将达到工资的10.2%；并且在这种低参保率下，仍然有很多农民工选择留在外地打工，也可以说明不参加当地的社会保险，对农民工的生活不会形成明显的障碍。因此农民工无力也在一定程度上无意愿承担社会保障成本。

住房对于农民工实现市民化同样是一个障碍，想要拥有独立住房的农民工会因为高房价而放弃这个想法，尤其是在北京。若考虑租住房屋，根据2017年5月我爱我家公布的统计数据，北京市房屋租赁平均价格为每月4,613元/套，在此条件下，农民工只能选择租住在条件恶劣的地下室或者棚户区中，而这些地方正是城市需要集中整治的地方。

需要承担成本上升压力的不仅是企业，还有农民工本身。在需要大额支出的项目上，农民工现有的收入恐怕无力承受。农民工本身的支付能力，也成为市民化的障碍。

7.2.4 成本的一次性投入与动态的持续分担相对割裂

农民工市民化是一个动态的系统过程，成本分担机制的建立应该秉持静态与动态结合的原则，政府也应根据国情地情，适时把握农民工的流动状况和农民工群体的变动状况，在静态的一次性投入基础上构建动态的分担机制。但农民工群体与个体的较强流动性再加上短期成本和收益的差距现实，使得各级各地政府和企业在农民工市民化成本分担中面临较大窘境，从现有的情况分析，无论是学界还是政府层面，大都关注城市基础设施建设等静态的一次性成本投入，对于农民工市民化过程中出现的义务教育、医疗卫生等公共服务支出,养老、医疗等社会保障支出,培训、上课等自我提升的支出,这些后续的动态支出缺乏科学合理的测算方法,不能有效地估算资金投入规模,导致地方政府和企业对市民化的资金投入相对保守。再加上农民工的流动性导致的成本投入风险,地方政府和企业也不愿意充分担负起农民工市民化成本的分担责任。

7.3 成本分摊机制的建立

7.3.1 成本分摊机制的原则

（1）以人为本,尊重农民工个人意愿

现在已有多个研究对于农民工市民化的意愿及影响因素进行了调查,有包括制度因素的调查,也有单独针对农民工个人偏好的调查。在单独考虑各个主体分担成本的问题上,更应当重视农民工的个人选择。王桂新等（2010）在研究上海的农民工市民化意愿影响因素中涉及九种因素,包括年龄、性别、文化程度、婚姻状况、职业类型、收入水平、找工作的主要困难、在沪滞留居住时间、来源地与上海的相邻性。李兴华等（2007）在针对湖南的调查中增加了城乡收入差异、社会交往情况这两个因素。张丽艳等（2012）在对广东农民工的研究中还将社会保险购买状况纳入其中。夏显利等（2011）的研究表明传统意义上认为的对农民工市民化影响比较大的因素,如是否接受培训、受教育程度、工龄等,对新生代农民工的影响却不显著,这主要是由于新生代农民工文化程度相对较高,人生目标更加多元化,消费观念更加开放,生活方式差别显著,他们比第一代农民工更能接受一些新的东西,更愿意留在城市并长久的生活下去。其余研究所涉及的影响因素基本包含在这些之中。

研究发现,收入或者收入差异是最重要的影响因素,收入越高或者收入差距越大,农民工城市化的意愿越强烈;年纪偏大的第一代农民工,配偶多居原籍,因此这类农民工更愿返乡;而新生代的农民工则普遍比第一代农民工更有意愿留在城市。总的来说,针对不同的成长背景、教育水平和思想观念的第一代农民工或新生代农民工群体,他们面临的市民化转型困难并不完全一致,要解决不同类型、不同区域的农民工市民化问题,需要因地制宜,在尊重农民工的个人选择的基础上,科学分析不同情况下所需要的农民工市民化成本,并构建相对应的成本分担机制。

(2)尊重市场在资源配置中的基础性作用

根据城市化的基本规律,第二和第三产业必然向城市集中,这就需要相应的从业人员,进入城市参与生产和提供服务。随着城市化进程的推进,第三产业的比重会逐渐提高,就业人数也会大幅增多。因此,在市场化的条件下,人口向城市尤其是大城市集中是必然的趋势。在我国城镇化初期,大批农民工陆续进城务工,由于劳动力长期供大于求,导致农民工收入较低,再加上社会保障制度不完善,农民工的许多基本权益也得不到保障。但随着中国人口拐点的到来,人口红利逐渐消失,无限供给的劳动力不可能继续维持。一方面,企业的用工理念会随着劳动力市场的供给变化而改变,并在市场经济制度逐步完善的条件下,承担起农民工相应的社会保障权益,分担起农民工市民化的转型成本;另一方面,随着经济的发展,农民工劳动力市场的竞争也不断增强,农民工在城市中的优胜劣汰也是市场选择的结果,若农民工觉得在城市生活困难,选择返乡创业或返乡务农,也应该尊重市场的选择。

(3)按照权责统一的原则明确各级政府的职责范围

目前来看,农民工市民化的主要成本负担,包括住房补贴、医疗保险等,落在地方政府身上。由于地方经济发展不均衡,很多地方政府对沉重的市民化成本缺乏足够的财力保障。农民工市民化是一个社会问题,不仅是地方政府,中央政府也必须负起相应责任。分税制改革以后,中央政府与地方政府的事权与财权不匹配的现象更加突出,导致地方政府在农民工市民化问题上缺乏积极性。农民工市民化的成本分摊机制的构建,需要按照权责统一的原则明确中央政府和地方政府的职责范围,确定各级政府公共服务职责,营造公平的制度环境,政策上主动进行倾斜,确保农民工市民化的有序推进。

(4)效率与公平兼顾,重点突破与渐进改革结合

农民工市民化成本分担机制的建立与完善是一个复杂的系统工程,需要政府、企业、社会和个人各方共同努力,各自负担相应的市民化成本。在这个长期的历史进程中,为保证农民工市民化的顺利推进,需要坚持权利与义务对等原则,构建一个效率公平兼顾的成本分担机制。具体而言,首先就需要针对农民工市民化过程中所存在的一些疑难问题进行重点突破,努力满足农民工市民化的现实需求,保证市民化进程的有序推进。同时,还要考虑目前城市化发展阶段的现实承受能力,循序渐进地进行机制改革与制度完善,在政府充分发挥分担机制主导作用的同时,积极调动企业、农民工个体的参与积极性。

7.3.2 成本分摊机制的方法

《国家新型城镇化规划(2014—2020)》中关于农业转移人口市民化的成本分摊机制中指出,建立健全由政府、企业、个人共同参与的农业转移人口市民化成本分摊机制,根据农业转移人口市民化成本分类,明确成本承担主体和支出责任。

目前,主要有三种分摊方法:主体分摊法、阶段分摊法和综合分摊法。

——**主体分摊法**

在不同主体之间的分摊,这个主体包括政府、农民工以及企业三个部分。如表7-1所示。

表7-1 农民工市民化成本的各个主体

政府	农民工	企业
农民工就业成本 (针对农民工就业培训所需成本)	生活成本 (城市生活所发生的水、电、气、交通、通讯、食物开支等)	社会保障成本 (企业为农民工社会保障所缴纳的部分)
农民工子女教育成本 (政府承担九年义务教育成本)	智力成本 (为提升技能而发生的教育支出等)	
住房成本 (保障性住房的造价成本和土地机会成本)	自我保障成本 (社会保障成本中个人缴纳部分,包括养老保险、医疗保险、失业保险、工伤保险、生育保险)	
社会保障成本 (政府为各项社会保障所支付的成本)	住房成本 (为获得平均标准的住房面积所支付的租金成本)	
基础设施和城市管理成本	机会成本 (市民化后放弃农村宅基地、承包地、林地的机会成本)	

其中,关于不同政府主体(如中央和地方政府、输出地和输入

地政府)之间也涉及成本分摊,一般而言,在中央和地方政府层面,市民化成本主要由地方政府承担,中央政府主要承担义务教育成本(应根据农民工的流动,将输出地的教育经费转移到输入地,成为输入地解决农民工市民化问题的资金来源之一),此外,在必要的情况下,中央政府还需要对地方政府在解决农民工市民化问题上进行财政补贴。

在输出地和输入地层面,输入地政府承担农民工市民化的大部分成本支出,包括农民工就业的成本、住房成本、社会保障成本、城市基础设施和社会管理服务成本;输出地政府主要承担农民工市民化后退出农村土地所需要支付的补偿。另外,由于市民化后,农民工放弃了在农村所享有的社会保障(主要是医疗保险、养老保险),因此输出地政府应当与输入地政府建立协调机制,一方面是将已缴纳的社保随农民工转移,做到"保随人走";另一方面由于输入地政府要为农民工市民化付出更多的社会保障成本,因此中央政府和输出地政府可以适当给予输入地政府一定补偿,适当平衡输入地与输出地之间的财政负担比例。

——阶段分摊法

农民工市民化是一个长期的系统工程,有学者提出可以分阶段分摊各项成本。与一次总付方法相比,阶段分摊法将农民工市民化的各项成本划分为不同阶段,按先后顺序在不同阶段依次解决,以减轻短期财政压力。但是这种方法只提供了一种大致思路,并没有反映农民工群体的结构差异和市民化成本发生的先后顺序。

最常用的方法,是按成本先后支出的顺序划分为短期和长期,然后在各个主体之间进行分摊。短期支出主要考虑子女教育、城市生活成本等；长期成本主要考虑养老金，以北京为例，北京市农民工主要由中青年构成，大规模的养老金支出将在未来二三十年后发生。所以，关于农民工市民化的成本支出，一般依据当地农民工实际年龄和退休年龄划分为短期支出和长期支出，分别进行成本测算和成本分摊。当然，也可以从农民工自身权益出发，比如根据农民工群体对各项权利关注度的高低进行排序，优先解决农民工重点关注的问题，再逐步解决市民化其他方面，最终完成整个市民化工程。比如，国务院发展研究中心课题组所做的实地调查表明农民工对各项权利的关注度是不同的，其中，对子女教育、住房的关心要大于对养老、其他社会保障等权利的关心。但是由于农民工群体过于庞大，历史遗留问题过多，这种方法覆盖范围太大，容易忽视农民工群体内部的不同诉求，也容易"头痛医头脚痛医脚"，不利于各项问题的有序解决。

其次，也可以依据农民工自身条件对农民工进行排序，明确市民化先后顺序，让一部分符合条件的农民工先市民化，另一部分后市民化，最终实现整体市民化。这个排序主要依据农民工自身的能力和条件，可以参考农民工进城居住时间长短、城市就业稳定性、年龄、经济状况等进行综合考虑，允许条件良好的农民工先行市民化，而对条件困难的农民工进行帮扶，在一定时期内逐步市民化。这种方法主要从政府角度考虑，标准的选择和农民工的筛选也主要由政府抉择，容易造成对弱势群体的忽视。

——综合分摊法

主体分摊法和阶段分摊法并不是独立的，而是相互交叉、相互重叠的。农民工市民化的总成本不可避免地涉及不同主体和不同类型成本，主体之间存在差异，各项成本亦有轻重缓急，明确各项成本测算内容，明确政府、企业和个人责任，建立多元化成本分摊机制，才能有序、有效解决农民工市民化问题。综合分摊法综合考虑各个主体和各个阶段，首先明确各个利益主体和各项成本支出，然后引入全生命周期理念，把市民化总成本划分为全生命周期中不同阶段支付的成本，由此分主体、分阶段有序分摊市民化成本。

7.3.3 成本分摊机制的建立

《国家新型城镇化规划（2014—2020年）》指出，政府要承担农业转移人口市民化在义务教育、劳动就业、基本养老、基本医疗卫生、保障性住房以及市政设施等方面的公共成本。企业要落实农民工与城镇职工同工同酬制度，加大职工技能培训投入，依法为农民工缴纳职工养老、医疗、工伤、失业、生育等社会保险费用。农民工要积极参加城镇社会保险、职业教育和技能培训等，并按照规定承担相关费用，提升融入城市社会的能力。以此为指导思想，本文在综合考虑成本分摊机制方法的基础上，选择综合分摊法，以此建立多元化成本分摊机制。在分担主体上，确定"一主二层三辅"的分担体制。

一主：政府为主。农民工市民化法人主要成本是为农民工提供与城镇居民同等的公共产品和服务所需要的成本，包括《国家新型城镇化规划（2014—2020年）》中提到的教育、就业、养老、医疗、住房以及公共基础设施等，这部分公共产品和服务的主要提供者就是政府，因此市民化成本分担机制的建立过程中政府应起到主导作用。

二层：中央政府与地方政府、输入地政府和输出地政府各负其责。按照事权与财权相匹配的原则,明确中央政府与地方政府的负责范围,充分发挥中央政府的引导协调作用,调动地方政府参与农民工市民化的积极性。输入地与输出地政府沟通协调,权责清晰,共同推进农民工市民化进程。

三辅:企业、个人、社会三方参与成本分摊。其中,企业作为农民工劳动的直接获益者,有责任负担农民工的部分社会保险,以及劳动技能培训等人力资本投资;农民工个人在完成自己的市民化转变时需要承担衣食住行等基本生活成本,以及在社会保险中的个人支出部分;与此同时,随着社会观念的进步和经济条件的改善,农民工市民化的成本分摊机制构建时可以更多地让社会力量参与进来,发挥社会资本的作用。

具体而言,如图7-1所示(实线表示近期承担的成本,虚线是远期也需考虑的成本)。

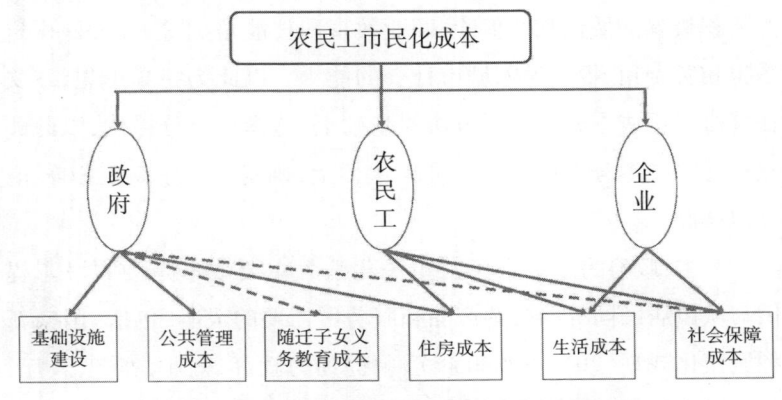

图7-1 农民工市民化的多元成本分摊机制

(1)中央与地方分担农民工市民化成本

政府是维护国家安全、提高国民生产能力、优化社会结构的特殊机构,政府的职能有经济职能和社会公共服务职能,需要调节社会的经济结构,为解决社会问题提供服务。因此在破除制度障碍方面所要付出的成本,以及建立新制度方面的成本,都应由政府承担。其实,正是由于我国的户籍制度以及其他一系列制度的制约,农民工无法顺利取得城市户籍,享受与城市居民同等的福利待遇,这直接导致他们在城市和农村之间来回迁徙,不能在城市安家立业。历史上长期剪刀差的存在,使得农村为城市工业的发展做出了巨大的贡献和牺牲,政府有责任和义务通过承担农民工市民化转型成本的方式来支援农村的发展。

设立农民工市民化专项基金和财政转移支付制度,从国家层面统筹推进农民工市民化。按照权责统一的原则,明确各级政府的公共服务职责,将公共服务支出纳入各级政府一般财政预算管理。中央政府要在农民工市民化过程中基本民生托底事项上形成统一的制度安排,对于涉及人的生存发展的基本民生公共服务项目要明确中央财政补贴额度;中央政府对教育、医疗卫生、社会保障和就业服务等基本民生公共服务项目的财政支出要跳出户籍的限制,应建立以实际居住地为依据的财政转移支付机制,激发地方政府开展农民工市民化的积极性。

分税制改革以后,中央与地方政府可以考虑采用"增量调整、奖补并用"的方式进行。改变目前"以奖代补"的形式,而从"十三五"时期开始从中央对地方转移支付专项补助的增加额中,将一定比例转移于农民工集中流入地区,专项用于对农民工集中地区的补助,并在此基础上对在为农民工提供公共服务方面成效较好的城市进行一定的奖励。

(2)输入地与输出地政府权责分明

农民工市民化成本的地区差异,导致地方政府在推动农民工市民化改革中存在较大的阻力。这个阻力来源于两个方面：一是农民工流入地和流出地成本分摊需要更高层级政府的统筹安排；二是在分税制的财政体制安排下，各地方政府承担农民工市民化成本的能力存在较大的差异。农民工市民化所新增的公共成本，尽管属于地方政府正常的公共财政支出范畴，但在成本分担机制构建上也应遵循"谁受益谁承担"的基本原则。由中央政府制定相应政策，明确各级、各地政府相应的成本分担职责，探索并构建与农民工数量规模相挂钩的公共资源与生产要素转移配置机制，并对执行单位进行动态监督，真正实现事随人转、财随人转、地随人转，减轻农民工输入地政府的财政压力，调动其工作积极性，从而保障农民工市民化的顺利推进。

作为农民工输入的重点地区，可以与主要输出地省份先行试点建立健全社会保险异地转移接续机制，对于需要跨省统筹的项目如医疗保险、养老保险等可利用中央专项转移支付实现；探索与主要输出地省份建立健全建设用地指标跨区增减挂钩、市民化跨区利益补偿机制，在权责分明的基础上，争取进行公平合理的政府间成本分担。

（3）企业依法承担相应成本分担责任

农民工所在企业是农民工劳动创造的直接受益者，有责任参与分担农民工市民化成本。

首先，企业要保证农民工基本的正常收入，做到与其他本地职工同工同酬，不应存在歧视；注意不拖欠农民工薪酬，使农民工在维持正常生活或追求更高质量生活方面不受到限制。企业应履行《劳动法》规定的在社会保险和福利方面的义务，为农民工缴纳社会保险费、住房公积金，保障生产安全等合法权益。企业内部要完善农民工薪酬动态增长机制,一方面可以吸引和留住企业的优秀员工,同时也能保证农民工薪酬可以应对不断变化的物价水平。其次,鼓励企业在改善农民工住房条件方面群策群力,通过租房补贴、集资建房等方式,分担部分地方政府住房保障方面的财政压力,共同努力使农民工能够住有所居,在城市安家立业。最后,企业还应加强农民工劳动技能培训,提升劳动者综合素质,加大教育培训方面的资金投入,弥补部分农民工在自我提升方面成本的不足,提升工作效率,减少生产事故,这样也能为企业本身带来更大的价值。

(4)个人负担其生存发展成本

市民化转型是农民工自身福利的改善与向上的流动,作为市民化转型的受益者本身应承担这种转型的成本。农民工应承担在城市衣食住行方面的生活成本,社会保障中的个人支出部分,自身知识技能提升方面的部分培训成本。有意愿留在城市中发展的农民工,应当自主地寻找合适的工作,赚取收入,负担起自己和家人在城市的生活成本。除了基本的生活成本支出之外,还有针对农民工自身人力资本增值的投资以及子女教育的相关投入,而这些投资对农民工未来的职业发展以及子女的成长都非常必要,因此成本也应由农民工担负。同时,积极参与社会保险以及购买必要的商业保险,也是农民工市民化的一种保障。对于在城市未来的生活,农民工要有精细的考虑和思想准备,通过自身的努力工作和劳动技能的提升,提高收入水平,实现城市生活的市民化。

7.3.4 资金保障机制

农民工市民化成本除了一次性投入的公共服务设施建设等,

还有大量需要连续支付费用,比如农民工子女的义务教育经费以及远期支付的养老金等,因此需要根据农民工市民化成本的年度变化建立相应的可持续资金保障机制。

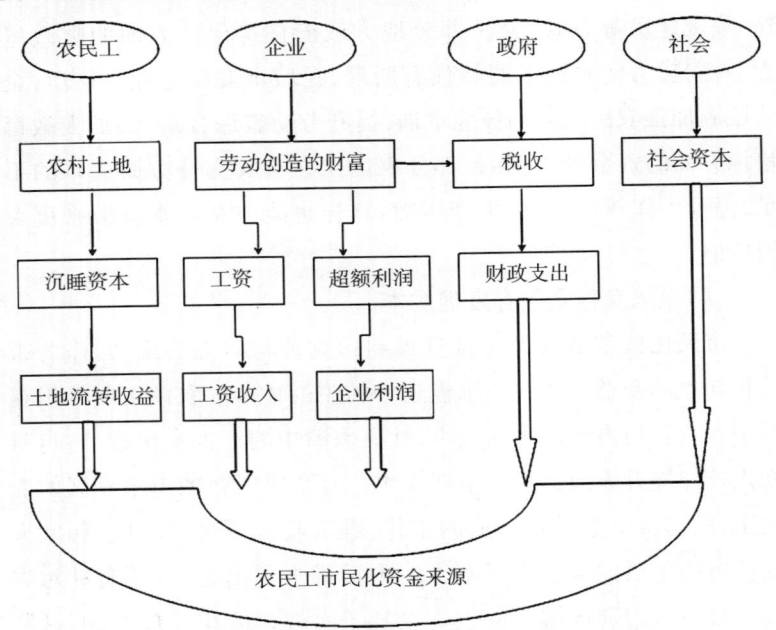

```
   农民工        企业         政府        社会
     ↓           ↓            ↓           ↓
  农村土地   劳动创造的财富 → 税收       社会资本
     ↓        ↓       ↓       ↓           ↓
  沉睡资本   工资   超额利润  财政支出
     ↓        ↓       ↓       ↓           ↓
 土地流转收益 工资收入 企业利润
     ↓        ↓       ↓       ↓           ↓
        农民工市民化资金来源
```

从农民工的角度来看,市民化可以利用的资金支持主要来自于三个方面:一是农民工拥有的农村土地,二是农民工劳动过程中创造的社会财富,三是市民化过程中与之相关的城镇土地收益。与之相对应的市民化转型资金来源,即农民工市民化成本的资金筹措路径,需要在中央政府的协调下,在全国范围内实现统筹解决,保证市民化过程中持续的资金流。中央政府应该发挥政策引导作用,加大财政转移支付力度,协调农民工输入地和输出地政府的成本分担;地方政府要重点关注农民工市民化过程中的公共基础设施、住房等方面,合理分配财政资金;企业为农民工合理合法的社会劳动保障权益提供可靠的资金支持,主动承担部分资金成本。

7.4.1 土地流转收益

土地是农村的重要生产资料,是目前农民的最大资产。目前我国农村土地产权尚不明确,缺乏全国范围内的土地流转市场,农民工所有的土地无法自由流转,这部分资产变成了沉睡资本,不能变现,也就无法帮助到农民工在城市的生活条件改善。

国务院《关于进一步做好为农民工服务工作的意见(国发〔2014〕40号)》中指出,完善相关法律和政策,妥善处理好农民工及其随迁家属进城落户后的土地承包经营权、宅基地使用权、集体经济收益分配权问题。可以探索农村土地的流转机制,提高土地的变现能力,而不仅仅是将土地作为农民工的粮食自留地。同时,地方政府通过城镇国有土地转让和农村土地非农化,每年可以获得一笔可观的财政收入,这部分土地流转的收入,也可以拿出一部分来反哺农民工市民化。2015年北京城镇土地出让收益1,983亿元,已经占财政收入的43.2%。随着经济的发展和城镇化进程的加快,城镇土地转让收益还有进一步上涨的趋势,政府从土地转让收益中拿出一部分用于农民工市民化转型是完全可行的。

7.4.2 政府财政支出

农民工市民化过程中,政府对公共商品及服务的提供起到主体作用,是农民工市民化成本的主要承担者。从财政收入的角度来看,农民工劳动创造的社会财富带来企业收入增长,进而使得政府税收相应提高;同时,城镇土地升值后的土地转让费为政府带来了大量的财政收入,政府有责任有义务也有能力承担农民工市民化的主要资金成本。

第一,政府可以通过财政转移支付的形式,为农民工市民化的推进提供资金保障。实际上,农民工市民化转型可以创造更多的社会生产力,拉动当地消费,为政府提供更多的税收。第二,政府可以通过发行专项债券的方式筹资。中央政府统一发行国债,将募集的资金一部分用于中央政府本身应承担的农民工市民化转型成本支出,剩下的一部分转移给地方政府,供其用于所在地农民工市民化转型的支出。待条件进一步成熟以后,可以逐步允许符合一定条件的地方政府也发行地方债来筹措资金。第三,政府可以设置农民工市民化产业基金,与社会资本合作,自己出一小部分资金,通过多渠道从社会筹措配套资金,保障政府对农民工市民化的财政投入,从而推动农民工市民化转型的顺利实现。

7.4.3 企业的超额利润

作为农民工劳动创造的财富的直接受益者,用工企业从农民工的劳动中获取了大量的超额利润。农民工多从事于建筑、制造等行业,不仅劳动强度大、收入水平低,而且其劳动合法权益无法得到保障,许多企业经常拖欠农民工正常工资,更不愿意承担农民工的社会保障成本。在深化社会改革的时代背景下,需要建立城乡一体化的劳动力市场,推动企业善待农民工,从企业获得的超额利润中拿出一部分,保障农民工应得的工资和社保权益。显然,这也是北京农民工市民化转型成本的筹措渠道之一。

7.4.4 农民工劳动收入

根据中国国家统计局公布的《2017年农民工监测调查报告》显示,截至2016年年底,中国农民工总人数达到2.87亿人,数量增幅扩大。他们的月均收入也有所增加,达到34,855元人民币。农民工月均收入从2012年的2,290元增加到2017年的3,485元,年均增长8.8%。

在农民工市民化转型的过程中,作为最大受益者的农民工,需要承担一部分市民化转型的成本。农民工的劳动报酬,除了用于自己的日常生活开支,还需要承担部分的社会保险支出和技能培训支出。随着国家政策对农民工的重视和《劳动法》等法律的颁布实施,农民工的劳动权益得到保障,生活状态有所改善,农民工可以用自身的工资收入承担市民化过程中的部分城市生活成本。

第 8 章 政策建议

根据《国务院关于进一步做好为农民工服务工作的意见》（国发〔2014〕40号）总体目标要求，到2020年，转移农业劳动力总量继续增加，每年开展农民工职业技能培训2,000万人次，农民工综合素质显著提高、劳动条件明显改善、工资基本无拖欠并稳定增长、参加社会保险全覆盖，引导约1亿人在中西部地区就近城镇化，努力实现1亿左右农业转移人口和其他常住人口在城镇落户，未落户的也能享受城镇基本公共服务，农民工群体逐步融入城镇，为实现农民工市民化目标打下坚实基础。

通过对农民工市民化历史背景、理论研究、国际经验、政策演变以及北京进城务工人员市民化进程的实践调研，对于现阶段农民工市民化成本分摊体制的建立，我们提出如下政策建议。

8.1 对中央政府的建议

农民工市民化成本分摊的关键是构建国家层面的制度设计和整体推进，中央政府有能力且有义务承担更大的责任。农民工市民化的整个制度安排，无论是财政体制改革还是社保制度改革，都是涉及全国的浩大工程，非地方政府之力所能承担，中央政府有责任也只有其可担此重任。在义务教育、基本医疗等关乎农民工生存发展的重要领域，中央政府需要重点关注，为地方政府加大转移支付力度，弥补地方财力不足，在全国范围内统筹协调整体推进，保障农民工基本权益的实现。在市政市容、社会治安、文体服务等公共服务领域，中央政府应与地方政府共同努力、共同担责，各自承担权责范围内的市民化成本。

8.1.1 加大对地方政府的转移支付力度

农民工市民化的整个制度安排，无论是财政体制改革还是社保制度改革，都是涉及全国的浩大工程，中央政府有能力且有义务承担更多的责任。中央政府应该发挥统筹协调作用，探索建立健全农民工输入地与输出地之间的合作机制，在医疗、养老社会保险等方面减少劳动力区域转移壁垒，确保农民工可以跨地区连续参保和进行医疗保险结算，消除目前存在的制度障碍，为农民工的市民化转型减少后顾之忧。同时，加大中央政府对农民工输入地政府的转移支付力度，加快推进国家人口基础信息库对农业转移人口的信息采集，根据输出地农民工的输出规模、输入地农民工的流入规模进行动态调整，弥补地方政府新增城市基础设施建设与完善的财政支出，保证城市事权与财权的动态平衡，并探索与农民工市民化程度相挂钩的财政转移支付和城镇新增建设用地配套机制。

8.1.2 统筹全国范围内的社会保障制度

加强区域协调,制定统一标准,尽快实现社会保险金的无障碍跨省转续,解决社会保障政策"碎片化"问题。在养老保险方面做好转移接续,还需注意医疗保险的异地结算,确保农民工可以跨地区连续参保和进行医疗保险结算。我国的社会保障政策存在着不同区域、不同险种之间"碎片化"现象。不同地区的险种、购买标准、主管机构也都有差异。农民工文化素质不高,了解不同区域政策的能力比较差,社会保障政策的"碎片化"现状,极大地提高了农民工参加和享受社会保障的成本。为此,应该在中央政府层面逐步推动社保区域协调和统一标准的制定。

具体来看,一是建立全国范围内互联互通的社会保障体系。按照《劳动法》规定,在城市打工的农民工应该依法享有社会保险,政府和企业应该为农民工缴纳养老、医疗、工伤、生育等社会保险。中央政府需要尽快统一标准,建立全国范围内互联互通的社会保障体系。二是保障农民工平等享有基本医疗卫生服务。疾病防治、计划生育、儿童免疫等基本的医疗卫生服务,需要中央政府负责进行整体推进,保证农民工能够享受到市民基本的医疗服务。促进身体健康、优生优育。三是制定一个跨区域转续的最低标准,各地区的转续条件都不得高于该标准,由此实现各种保险金的无障碍跨区域转续。在此基础上,各地区可推出各种更好更方便的转续方式。

8.1.3　加大中央财政对改善农民工子女教育条件的支持

成年农民工的职业教育应该主要由地方政府负责,因为这种就业技能的提升很快就能转化为生产力,促进本地区经济的增长和产业升级。这是"利和责"的统一。但农民工子女教育的投入所产生的社会效益需要很长的时间才能获得,而且其将来升学、择业的地域不确定性也很强,因此,从"权责利统一"的角度来看,这种基础教育的经费应该主要由中央政府承担。中央财政每年下拨城市义务教育补助专项经费,用于对各地实施城市免学杂费政策给予奖励性补助,以及对进城务工农民随迁子女接受义务教育问题解决较好的省份给予适当奖励。

近年来,该专项经费投入持续增加,中央政府对农民工子女基础教育扶持力度也在加大。与此同时,中央也应探索与地方政府建立和完善教育补助分担机制。比如财政在分配进城务工农民工随迁子女接受义务教育奖励资金时,也需要综合考虑劳动力输入地区和输出地区承担的教育服务压力大小,比照农村义务教育阶段学校公用经费基准定额和中央与地方分担比例给予补助。中央政府要明确规定教育专项补助的使用范围,农民工随迁子女接受义务教育中央奖励资金,除继续用于接收农民工子女的城市义务教育阶段学校补充公用经费外,重点用于上述学校改善办学条件等支出,不得用于偿还债务或挪作他用;各地在安排中央财政奖励资金时,要按照"重点倾斜、集中投入"的原则,向接收农民工子女较多、条件薄弱的城市学校倾斜,促使农民工弟学校提高校园环境和办学质量,尽量为农民工子弟争取更多更公平的教育资源。

8.1.4 探索农村与城市之间的土地指标流转机制

从资金和资源约束的视角来看，农民工市民化过程中最难解决的无疑是农民工城市居住问题，城市居住的高额购房或租房成本严重地制约着农民工市民化的顺利推进。利用市场机制，探索农村与城市之间土地指标的流转，为农民工市民化提供必要的资金支持，成为下一步重点推进的方向。农民工在农村享有土地承包经营权、宅基地使用权和集体经济收益分配权，如果在城市里已经有长期稳定的工作，并且在农民工自愿的情况下，可以考虑将其宅基地所占用的建设用地指标在省域范围内进行流转，同时保留其耕地承包经营权与集体收益分配权作为未来生活的基本保障。在充分保障农民的土地权利的前提下，通过增减挂钩在不减少耕地面积的情况下实现建设用地指标的城乡流转，一方面增加了城市建设用地指标，为农民工市民化的公共住宅开发提供了更多的城市空间，另一方面土地的流转可以唤醒农民工手中沉睡的土地资产，变资产为资金，在一定程度上可以解决农民工市民化城市居住的开支问题，有效地保障农民工市民化的顺利推进。

8.1.5 建立农民工市民化成本分担的激励考核制度

中央政府可以将农民工市民化的关键节点指标化，加入到地方政府的考核范围，对于完成度优秀的地方政府加大转移支付力度，进行一定的财政资金奖励；同时对于推进市民化进程不积极的地区，适当减少财政投入，在政府业绩考核时列入负面清单。通过正强化和负强化措施的综合运用充分调动输入地政府和输出地政府之间成本分担的积极性,引导各地政府积极投入到农民工市民化的成本分担工作中。同时,政府也要在加强对企业的监管力度的同时,探索建立针对企业的农民工市民化成本分担的激励考核制度,对于积极完成农民工市民化成本分担的企业可以给予一定的扶持奖励,对拖欠农民工工资、不依法为农民工缴纳社保的企业采取严厉的处罚措施。

8.1.6 构建信息监测和信息联动体系

在中央层面上,适时收集和掌握农民工市民化及其成本分担状况,构建信息监测和信息联动体系,通过有效的信息收集,对农民工市民化的趋势进行预判,为政府决策的制定提供依据。适时推行农民工建档立卡工作,将农民工的流动信息纳入全国信息系统中,及时了解农民工的流动方向和规模,为财政转移的支付提供参考。地方政府也可以通过信息系统,及时了解本地区流动人口情况,并相应对社会的安全治理以及公共产品的提供进行科学的决策与调整,有序推动农民工市民化的进程。

8.2 对北京市政府的建议

8.2.1 推进和完善积分落户制度

北京市应进一步完善积分落户制度,现有的积分落户制度还尚未给出明确的分数标准，仅仅列出了各项分值。并且目前有九项积分指标，包括教育背景指标、职住区域指标、创新创业指标、纳税指标、年龄指标、荣誉表彰指标和守法记录指标等。对于农民工群体而言靠这九项指标落户还存在较大难度，其本质上仍然是人才引进制度，不是给予农民工平等公民待遇的改革。如果按照现行标准，农民工基本上没有在北京落户的希望，不利于农民工市民化进程的推进。

可以适当增加就业年限在积分制度中的权重，使得城市中的优秀农民工真正可以通过这项制度，获得户籍，这是农民工市民化的重要基础和保证。同时，户籍制度的改革，放宽入户门槛与逐步剥离依附于户籍制度之上的各种福利安排应该同步进行，"两条腿走路"。如果能够给予户籍和非户籍人口在社会保险、公共住宅、子女入学、高考录取、就业培训、就业与居住权利保护等诸多方面的平等待遇，就比降低入户门槛，能够更好地惠及大部分农民工群体。

8.2.2 规范企业用工管理，加强农民工就业权利保护

政府的劳动监察部门需要指导和督促用人单位与农民工依法普遍签订并履行劳动合同，在务工流动性大、季节性强、时间短的农民工中推广简易劳动合同示范文本，依法规范劳务派遣用工行为，清理建设领域违法发包分包行为。

法律层面已经规定企业负有缴纳农民工社保的义务，北京市政府有责督促企业落实这一条文。政府不应对市场直接进行干预，但有监督法律履行的职责，对于不为农民工缴纳社会保险的企

业予以惩罚。若企业无力承担这项义务,则应自行遵循市场规律,无法在北京继续生存的企业应退出市场。劳动部门应发挥主导作用,协同其他有关部门加强监督工作,做好农民工就业权利保护的基础工作。积极加强对企业,尤其是中小企业的劳动合同签约情况的监管,将劳动合同的签订作为农民工权利保障的基础,提高劳动合同签约率。法院可以设立"绿色通道",着力解决农民工劳动纠纷案件,并在劳动争议案件较多的地方设立专门的劳动争议庭或合议庭,提高审判质量效率。通过街镇司法所等基层机构,建立农民工维权渠道,为农民工提供专项法律服务,加强对农民工的法律援助工作。

8.2.3 丰富农民工技能培训手段,提高就业能力

根据中国人力资源市场信息监测中心发布的《2017 年第三季度部分城市公共就业服务机构市场供求状况分析》,市场对具有技术等级和专业技术职称劳动者的用人需求大于供给。与去年同期相比,对各技术等级和专业技术职称劳动者的用人需求均有所增长;从需求侧看,54.7%的市场用人需求对劳动者的技术等级或专业技术职称有明确要求,同比上升 0.4 个百分点。其中,对技术等级有要求的占 34.4%,对专业技术职称有要求的占 20.3%。从供给侧看,54.4%的市场求职人员都具有一定技术等级或专业技术职称,同比上升 0.6 个百分点。

为了提高农民工的生活水平,促进农民工市民化进程,必须提高他们的就业能力。加强推动跨区域的联合培训项目,完善流出地与流入地的劳动对接机制。农民工本身文化水平相对较低,缺

乏信息获取能力和主动学习能力,通过技能升级完成市民化转型有些困难。北京市政府可以通过街镇现有的社区中心、社区服务站等机构,定期组织一些针对农民工群体的专项技能培训,提升他们的劳动能力和专业素质。对于有学术天分和敏锐性,但因经济困难或信息缺乏而失去升学机会的年轻人,应该提供机会去发展他们的智力潜能,通过与校园和社区合作,提供他们边工作边接受培训的机会。实施农民工职业技能提升计划,加大农民工职业培训工作力度,将农民工纳入终身职业培训体系。加强农民工职业培训工作的统筹管理,政府有关部门制定农民工培训综合计划,部门按分工组织实施。加大培训资金投入,合理确定培训补贴标准,落实职业技能鉴定补贴政策。

8.2.4 提供多层次的社会保险产品,加快推进社保全覆盖

扩大农民工参加城镇社会保险覆盖面,实施"全民参保登记计划",推进农民工等群体依法全面持续参加社会保险。农民工本身对社会保险政策不太了解,政府相关部门需要整合各项社会保险经办管理资源,优化经办业务流程,加大社保宣传力度,增强对农民工的社会保险服务能力。

可以效仿深圳在解决本地农民工医疗保险时的政策,建立不同层次的社会保险,保险缴纳额度可高可低,并与保障水平相关。优先解决医疗保险全覆盖问题,推出针对农民工的专门保险,缴费较低,确保农民工有能力参与,同时也提高了农民工的积极性。应当扩大社会保障覆盖面,使在北京的农民工都可以加入城镇职工保险体系,没有能力加入城镇职工保险体系的也可以加入城镇居

民保险体系。从远期来看,在养老保险中,也应在现有的城镇职工养老保险和城镇居民养老保险之间,建立"低费率、可转移"的多种养老保险选择,让收入水平较低的农民工和小企业能以较低的缴费金额参加养老保险,同时也可以在收入提高以后逐步提高缴费金额向福利待遇更好的养老保险转移。通过这个办法,可以让所有的农民工都能够尽快享有最基本的社会保障。在实现了全覆盖以后,再通过循序渐进的改革,来逐步优化保障结构、提高保障水平。

8.2.5　加强对农民工子弟学校的监管,提高学校教育质量

子女的教育一直是背井离乡的农民工最为担心的问题,同时也是农民工市民化能否顺利推进的关键环节。因为户籍、资金等重重限制,2014年北京入学门槛提高后,非京籍子女入学所需要的五证,农民工通常无法完全提供,也无法享受与城市孩子同等的教育机会,只能上私立的农民工子弟学校。由于这类学校均属私立性质,自负盈亏,除学生交费外,基本没有其他的资金来源,难以集中资金用于改善办学条件,教学设施简陋,周边环境更是鱼龙混杂,对学生成长十分不利。

北京市各级政府和教育部门应探讨实施农民工子弟入学绿色通道的可行性,采取多种形式接收农民工子女在全日制公办中小学入学,在入学条件等方面应与当地学生一视同仁,对特困学生应酌情减免费用。北京的公立学校拥有优质的办学条件和教师资源,享受高额的财政补贴,可以建立对口帮扶、教师交流的体制,提高民工子弟学校的教学水平。政府需要建立相对规范的审批、监

管、服务机制,制定办学标准和细则,在达到教学标准要求的情况下,考虑将这些边缘化的学校纳入到整个城市的教育规划体系中。积极探索农民工子弟学校教学质量检测方案,定期开展教学质量检测,加强教学质量分析和学生学籍管理,建立完善与公立学校互联互通的电子学籍档案,方便学生就学、转学和升学的需要。

8.2.6 多渠道改善农民工居住条件,完善住房保障制度

从农民工的居住方式看,目前,农民工在城市居住主要靠三种渠道解决:由用工单位提供住房、租房和购房,其中以第一种渠道解决的相对最多。据国家统计局2015年农民工监测调查报告,从农民工在城市的居住类型看,由雇主或单位提供宿舍的占44.6%,租房的占37%,仅有1.3%的农民工在务工地自购房。从外出农民工的居住成本看,46.1%的农民工由雇主或单位提供免费住宿,7.9%的农民工雇主或单位不提供住宿但有住房补贴,46%的农民工雇主或单位不提供住宿也没有住房补贴。

根据农民工工作特点和收入状况以及北京市实际情况,必须加快建立多种形式、多个层次的农民工住房供应体系,满足农民工不同的住房需求,将符合条件的农民工纳入住房保障实施范围。一是适用于农民工的保障性住房体系。根据北京市目前的公租房政策,非京籍人士来京连续稳定工作满一年,能提供暂住证明、公积金证明或社保证明,本人及家庭成员在本市无房即可申请公租房。公租房可以享受到政府的租金补贴,极大降低了农民工的居住成本。下一步可针对农民工群体进行更大力度的保障房建设和租金补贴政策,提高农民工的居住舒适度和满足感。二是符合建

筑安全标准的员工宿舍。近年来北京市政府加大力度打击群租房,因为群租房存在种种安全隐患,危及生命安全,但目前的农民工的宿舍通常是在施工场地临时搭建的,往往达不到消防安全标准,缺乏安全保障。因为关系到人身安全,亟须建立统一的员工宿舍建设标准,保证居住安全,改善居住条件。

8.2.7 着力促进农民工社会融合,保障农民工依法享有民主政治权利

鼓励农民工参与社区自治,增强作为社区成员的意识,通过街镇基层服务机构开展活动,丰富农民工精神文化生活。农民工作为城市建设者的重要一员,却始终被城市社区体系排除在外,缺乏城市归属感,不利于市民化转型。地方政府应该发挥目前搭建的社区服务体系职能,加强对农民工的人文关怀,破除农民工政治参与的制度障碍,推动农民工政治参与,正视他们在政治权利上的诉求,对于愿意在城市行使政治权利的农民工,要依法保障他们享有民主政治权利,加强他们主人翁的参与感。支持农民工在企业的职工代表大会和所在社区居民委员会、村民委员会等组织中依法行使民主选举、民主决策、民主管理、民主监督的权利。

8.2.8 引进社会力量参与农民工市民化

鼓励社会力量参与农民工市民化进程,比如说现在在基础设施方面,在相当多领域已经放开了社会资本进入基础设施建设领域,通过 PPP 等模式引入社会资本的机制已经相对成熟。在社会

服务方面,也正在逐步放开民间资本进入这个领域。政府可以参考基础设施建设方面的成功经验,探索引入社会资本的方式方法,逐步建立多元化、可操作的政企合作方式,补充地方财力。

在社会组织方面,对愿意为农民工群体服务的社会组织提供一定的政策扶持,提高他们参与农民工市民化进程的积极性,为农民工的市民化转型提供更多维的服务。按照培育发展和管理监督并重的原则,对为农民工服务的社会组织予以正确的引导和支持,充分发挥其在协同社会管理、促进社会融合的积极作用。同时,政府要进一步完善对服务农民工的社会组织的管理,通过开展业务培训、组织经验交流等方式,引导和支持其依法开展服务活动。

附录 调查问卷

问卷编号：	调研员：
调研地点：	调研时间：

城镇化进城中北京市进城务工人员市民化进程调研

亲爱的朋友：

您好！我们正在进行北京市进城务工人员市民化进程的问卷调查。您对以下问题的回答有助于我们准确了解进城务工人员市民化过程中的权益保障及相关情况，从而有利于进一步推动进城务工人员融入北京并享受基本公共服务和社会保障。

谢谢您的合作！

北京大学光华管理学院调研队

填写说明：

1. 请在所选择的选项前面的序号上打"√"，或在" "填写答案。

2. 没有注明"可多选"的题目都是单选题，只选一个答案。

调查问卷

1. 您的性别:【1】男【2】女
2. 您的出生年份:

您的户籍所在地:

来京务工时间:

3. 您的婚姻状况:【1】未婚【2】已婚(含离异或丧偶)
4. 您的受教育程度是:

【1】小学及以下【2】初中【3】高中或中专【4】专科、高职【5】本科及以上

5. 您外出务工的最主要的原因是:

【1】不想种田【2】赚更多的钱【3】更好的生活环境【4】见世面

【5】学技术【6】到城市定居【7】碰运气

【8】为下一代提供更好的学习生活环境【9】其他

6. 您现在的工作状况:

【1】有固定工作【2】打零工【3】正在找工作【4】创业【5】其他

7. 您是如何获得当前这份工作的?

【1】自己找【2】亲朋好友介绍【3】职业中介介绍【4】政府部门帮助

【5】用人单位到家乡招工【6】其他

8. 您是否和家人一起外出务工?

【1】是【2】否

如果是,和您一起外出务工的家人有哪些?(可多选)(如果不是,不需回答)

【1】父母【2】配偶【3】子女【4】兄弟姐妹【5】其他

9. 您在务工地居住的大体位置是：

【1】城镇中心区【2】城乡接合部【3】郊区

10. 您在务工地的住房状况？

【1】单位宿舍【2】简易工房【3】住亲戚朋友家【4】自购房【5】私人出租房【6】地下室【7】经济适用房【8】廉租房、保障性住房等【9】雇主家【10】其他

11. 您目前从事的行业：

【1】家政服务业【2】保安【3】建筑业【4】住宿和餐饮业

【5】物流快递业【6】制造业【7】零售业【8】其他

12. 2015年您一个月的平均收入是：

【1】1,501—2,500元【2】2,501—3,500元【3】3,501—4,500元

【4】4,501—5,500元【5】5,501—6,500元【6】6,501—7,500元

【7】7,501—8,500元【8】8,501元以上

13. 您每天的工作时间：

【1】8小时以内【2】8至9小时内【3】9到10小时内【4】10到11小时内【5】11到12小时内【6】12小时以上

14. 您一个月有几天休息：

【1】4天以下【2】4天【3】5—7天【4】8天及以上

15. 相对您在工作中付出的劳动，您认为得到的收入是多还是少？

【1】付出多,收入少【2】付出和收入相等或差不多【3】付出少,收入多

16. 您是否与单位签订了书面劳动合同？（无单位者不回答这个题目）

【1】是【2】否

17. 您是否参加了下列保险或公积金：（在参加的下面打"√"，可多项）

工伤保险	失业保险	生育保险	城市医疗保险	农村合作医疗	城市养老保险	农村养老保险	公积金	商业保险	无

18. 您一个月的消费支出平均为:

【1】1,000元以下【2】1,001—1,500【3】1,501—2,000【4】2,001—2,500【5】2,501—3,000【5】3,000以上

19. 从身份上看您觉得自己是哪一类人?

【1】城里人【2】农村人【3】城乡中间人【4】说不清楚

20. 您认为务工地的本地人歧视外地人吗?

【1】非常歧视【2】有点歧视【3】不歧视【4】说不清

21. 您所在的务工地的本地人与包括您在内的外地人关系如何?

【1】非常和睦【2】比较和睦【3】一般【4】不太和睦【5】非常不和睦

22. 您认为自己和当地市民有差异吗?

【1】是【2】否

如果存在差异,这些差异主要表现在哪些方面?

【1】经济条件差【2】社会地位低【3】缺乏社会保障

【4】就业机会少【5】生活习惯不同【6】其他

23. 在务工地,您平常与哪些人交往最多?

【1】家人或老乡【2】工友【3】企业管理者【4】当地居民

【5】社区或政府工作人员【6】新结交或认识的朋友【7】其他

24. 到北京后有无结交新朋友?

【1】有【2】无

新朋友中有无北京人?

【1】有【2】无

25. 您在进城务工期间,最关心下列哪些问题?(可多选)

【1】工资收入【2】工作时间【3】就业【4】社会保障【5】户籍【6】自身

发展【7】技能培训【8】住房【9】子女教育【10】务工地选举权【11】精神文化生活【12】社会地位【13】其他

26. 您在工作之余主要的休闲方式是:(可多选)

【1】在家看电视玩手机【2】逛街【3】运动【4】上网吧【5】打牌【6】访友【7】看电影【8】其他

27. 您对北京有感情吗?

【1】很有感情【2】有些感情【3】没什么感觉【4】不喜欢北京

28. 您是否愿意在城市定居?

【1】是【2】否

29. 总的来说,您认为截至目前自己是否达到了进城预期的目标?

【1】完全达到【2】基本达到【3】基本没达到【4】完全没达到

30. 您认为定居城市最大的困难是什么?

【1】房价贵【2】工作不稳定【3】收入低【4】缺乏社会保障【5】没有城镇户口【6】子女上学难【7】生活不习惯【8】城里人排外【9】其他

31. 您认为达成个人进城预期目标的最主要的障碍是:

【1】个人文化程度等原因【2】家庭不能提供支持和帮助【3】政府关心、帮助少【4】当地人排斥,发展机会少【5】运气不好【6】其他

32. 您对未来的长远打算是什么?

【1】学好技术另找好工作【2】想去其他城市【3】在北京定居【4】赚钱回家,继续务农【5】回去办企业【6】没想过

参考文献

[1] Postan, M. M. (Michael Moïssey), Habakkuk, H. J, 王春法. 剑桥欧洲经济史[M]. 经济科学出版社, 2002.

[2] 曹兵, 郭玉辉. 论农民工市民化的社会成本构成[J]. 经济论坛, 2012, (8):116—118.

[3] 单菁菁. 农民工市民化的成本及其分担机制研究[J]. 学海, 2015,(1):177—184.

[4] 单菁菁. 中国农民工市民化研究[M]. 社会科学文献出版社, 2012.

[5] 丁萌萌, 徐滇庆. 城镇化进程中农民工市民化的成本测算[J]. 经济学动态, 2014,(2):36—43.

[6] 杜宇. 城镇化进程与农民工市民化成本核算[J]. 中国劳动关系学院学报, 2013,(6):46—50.

[7] 冯俏彬. 农民工市民化的成本估算、分摊与筹措[J]. 经济研究参考, 2014,(8):20—30.

[8] 高拓, 王玲杰. 构建农民工市民化成本分担机制的思考[J]. 中州学刊, 2013,(5):45—48.

[9] 谷军, 康琳. 缩小中国城乡收入差距的可行性措施研究——以美国、日本、韩国经验为借鉴[J]. 发展研究, 2011(2):82—86.

[10] 国家统计局课题组. 我国城镇化战略研究[J]. 经济研究参考, 2002, (35):23—31.

[11] 郭庆松. 农民工市民化:破局体制的"顶层设计"[J]. 学术月刊, 2010, (07):72—78.

[12] 国务院发展研究中心课题组, 侯云春, 韩俊, 蒋省三, 何宇鹏, 金三林. 农民工市民化进程的总体态势与战略取向[J]. 改革, 2011,(5):5—29.

[13] 国务院发展研究中心课题组. 农民工市民化:制度创新与顶层政策设

计[M].北京：中国发展出版社,2011,103—110.
[14]胡浪多.农民工市民化成本分摊体系与机制创新[J].现代经济信息,2014(11):30—31.
[15]胡拥军,高庆鹏.处理好农民工市民化成本分摊的五大关系[J].新重庆,2014(8):11—12.
[16]胡拥军,高庆鹏.市民化成本分担机制的"暗战"[J].决策,2015(1):44—46.
[17]郝寿义,王家庭,张换兆.日本工业化、城市化与农地制度演进的历史考察[J].日本学刊,2007(1):41—52.
[18]黄国清,李华,苏力华.国外农民市民化的典型模式和经验[J].南方农村,2010,26(3):24—26.
[19]黄锟.中国农民工市民化制度分析[M].北京:中国人民大学出版社,2011.
[20]简新华,张建伟.从农民到农民工再到市民——中国农村剩余劳动力转移的过程和特点分析[J].中国地质大学学报(社会科学版),2009(6):12—18.
[21]李恩平.韩国城市化的路径选择与发展绩效:一个后发经济体成败案例的考察[M].中国商务出版社,2006.
[22]李明华.从美国经验看我国解决农民工子弟就学问题的思路[J].教学与管理,2005(5):77—80.
[23]李世安.英国农村剩余劳动力转移问题的历史考察[J].世界历史,2005(2):15—26.
[24]李兴华,戴健华,曾福生.湖南农民工市民化意愿倾向分析及对策选择[J].华中农业大学学报(社会科学版),2007(6):32—36.
[25]刘芳.国外"农民工"社会保障经验及其借鉴[J].安徽行政学院学报,2007(6):49—53.
[26]刘传江.中国农民工市民化研究[J].理论月刊,2006(10):12—17.
[27]刘斯斯.多元分担农民工市民化成本[J].中国投资,2012(13):58—60.
[28]柳博隽.建立农民工市民化成本分担机制[J].浙江经济,2012(6):8.
[29]陆成林.新型城镇化过程中农民工市民化成本测算[J].财经问题研究,2014,(7):86—90.
[30]彭军,阮荣平,崔海兴,郑风田.农民工市民化究竟需要多少钱:基于

北京市社会养老保险的测算[J].中国物价,2016,(1):67—70.
[31]申兵."十二五"时期农民工市民化成本测算及其分担机制构建——以跨省农民工集中流入地区宁波市为案例[J].城市发展研究,2012,(1):86—92.
[32]盛广耀.城市化模式研究综述[J].城市发展研究,2011,(7):13—19.
[33]石忆邵,王樱晓.基于意愿的上海市农民工市民化成本与收益分析[J].同济大学学报(社会科学版),2015,(4):50—58.
[34]王桂新,陈冠春,魏星.城市农民工市民化意愿影响因素考察——以上海市为例[J].人口与发展,2010,(2):2—11.
[35]王竹林.农民工市民化的目标与总体思路[J].发展研究,2009(5):23—26.
[36]魏澄荣,陈宇海.福建省农民工市民化成本及其分担机制[J].中共福建省委党校学报,2013(11):113—118.
[37]魏后凯.构建多元化的农民市民化成本分担机制[N].中国社会科学报,2013年3月1日第7版.
[38]吴丽娜.新型城镇化如何改变"半城市人"的逼仄人生[J].就业与保障,2016(6):47—48.
[39]吴亮.发达国家农村劳动力转移与比较优势升级的经验[J].世界农业,2014(1):20—22.
[40]夏显力,张华.新生代农民工市民化意愿及其影响因素分析——以西北3省30个村的339位新生代农民工为例[J].西北人口,2011(2):46—49.
[41]徐红芬.城镇化建设中农民工市民化成本测算及金融支持研究[J].金融理论与实践,2013(11):69—72.
[42]徐建玲,刘传江.中间选民理论在农民工市民化政策制定中的运用——基于武汉市436位农民工的实证研究[J].管理世界,2007(04):40—45.
[43]王竹林.农民工市民化的行为因素分析[J].西北工业大学学报(社会科学版),2007(06):1—4.
[44]王先鹏.离乡农民工市民化的路径探索——基于资产流通和人力资本的视角[J].规划师,2010(08):102—106.
[45]熊桉.日本农村劳动力非农就业的分析与借鉴[J].经济问题,2007

(02):13—18.
[46] 申兵."十二五"时期农民工市民化成本测算及其分担机制构建——以跨省农民工集中流入地区宁波市为案例[J].城市发展研究,2012(1):39—42.
[47] 薛以硕,张继良.农民工市民化成本研究现状分析[J].调研世界,2014(10):50—54.
[48] 杨世箐,陈怡男.农民工市民化成本分担的现实困境及对策分析[J].湖南社会科学,2015(5):93—97.
[49] 姚毅,明亮.我国农民工市民化成本测算及分摊机制设计[J].财经科学,2015(7):123—131.
[50] 姚植夫,薛建宏.新生代农民工市民化意愿影响因素分析[J].人口学刊,2014(3):107—112.
[51] 衣保中,郑丽.日本农协在农业产业化中的作用[J].现代日本经济,2006(07).
[52] 张国胜,杨先明.公共财政视角下的农民工市民化的社会成本分担机制研究[J].印度洋经济体研究,2009(1):90—94.
[53] 张国胜,陈瑛.社会成本、分摊机制与我国农民工市民化——基于政治经济学的分析框架[J].经济学家,2013(1):77—84.
[54] 张国胜,杨先明.中国农民工市民化的社会成本研究[J].经济界,2008,(05).
[55] 张国胜.基于社会成本考虑的农民工市民化:一个转轨中发展大国的视角与政策选择[J].中国软科学,2009(4):56—69.
[56] 张继良,马洪福.江苏外来农民工市民化成本测算及分摊[J].中国农村观察,2015(2):62—75.
[57] 张季风.战后日本农村剩余劳动力转移及其特点[J].日本学刊,2003(02):48—54.
[58] 张丽艳,陈余婷.新生代农民工市民化意愿的影响因素分析——基于广东省三市的调查[J].西北人口,2012(4):63—66.
[59] 张薇.韩国新村运动研究[D].吉林大学,2014.
[60] 中国社会科学院.中国城市发展报告2013:No.6农业转移人口市民化[M].北京:社会科学文献出版社,2013.
[61] 周小刚.中部地区城镇化进程中农民工市民化问题研究——以江西为例[D].南昌大学,2010.